# 新中国を拓いた記者たち

## 上巻

編者　柳斌傑・李東東
訳者　日中翻訳学院　河村知子

日本僑報社

# 革命のため、人民のための記録 ――『中国紅色記者』の出版にあたって

**柳斌杰**

中国共産党創立九十年の歴史の中で、「紅色新聞記者」は終始党の指導する新民主主義革命、社会主義革命と社会主義建設に、最も直接に関与した人々である。また中国共産党が中国人民を指導して、三度にわたり大きな山を動かし、独立、民主、自由の新中国を建設、中国の特色ある社会主義の道を開いて繁栄と富強に邁進する姿の、最も直接的な目撃者、記録者である。陳独秀、李大釗、穆青、範敬宜、郭超人……共産主義の偉大な理想と国の富強、民主、文明のため、一般民衆が良い生活を送るために、祖国の幾山河をあまねく歩き回って、科学の真理を伝え民族主義を発揚し、党の主張を伝え、人民の声を反映した。中国革命と建設の事業のため、社会経済発展と人類文明進歩のため、不滅の輝かしい文章を書き、記憶に永久にとどめた。

文明事業に貢献した紅色記者は、社会の公平、正義、良心の防衛者であり、この本に収録した先輩新聞記者たちは「人民を愛し、誠実に人民に奉仕し、鞠躬尽力《きくきゅうじんりょく》、死して後已《や》まん（この身を捧げて死ぬまで全力でやり続ける）」（毛沢東語）と考え、彼らの生活と生命は、「すなわち完全に公平無私に社会に奉仕する精神で成り立っている」（鄒韜奮語）。民族の独立のため、民主政治のため、文化事業のため、社会の発展のため、休まず奮闘し、恨まず悔やまず、生涯すべてを余すところなく党と人民の事業に捧げた。彼らの精神は、後代にまで伝わる大きな影響を生み出し、中国の新聞出版工作者の永久の宝となったばかりでなく、後代の記者が学ぶべき模範となり、さらに社会全体の創業精神と献

身精神を奨励した。中国の国家建設が、富強、民主、文明、調和のとれた社会主義現代化国家となるよう、怠らず奮闘した。

改革開放の三十年あまり、特に党の第十六次全国代表大会以降、党中央は新聞出版工作を高度に重視している。新聞出版業は国家の熱い関心のもと、積極的に新たな事に取り組み、鋭意改革し、空前の大発展、大繁栄、大飛躍を実現した。中国はすでに世界でも新聞出版大国になっている。新聞事業は新たな段階に進み、現在全国で出版されている新聞は一九三九種類、期刊は九八八四種類、ニュースラジオ、テレビは三百余り、ネットのニュースサイト、モバイルサイトなどは猛烈な勢いで発展している。新聞出版従事者は一千万人を超え、そのうち六二六四の新聞部門には新聞記者が二十二万人いる。これは政治に強く業務に優れ、規律が厳しく品行が固い、党と人民に完全に信頼された部隊である。新時代の新聞記者たちは、先輩記者の精神を継承し、先輩記者の良き伝統を発揚している。中国の特色ある社会主義の偉大な旗を高く掲げ、鄧小平理論と「三つの代表」の重要な思想の指導のもと、科学発展観の実現をなしとげ、党中央の政策部門の要求を真摯に実施している。事実に基づき真実をもとめ、時代とともに前進し、実際に寄り添い、生活に寄り添い、群衆に寄り添って、ニュースの発生現場、災害現場、戦場、病気の現場などを実際に取材している。報道の一つ一つ、写真の一枚一枚、カットの一場面一場面は、中華民族が豊かになり強くなっていく偉大な過程を生き生きと描き、国家の富強、人民の幸福、祖国統一のため、精神的な力と知力の支援、世論の雰囲気を提供した。彼らは党の舌であり、人民の耳目である。彼らは党と国家の重大な政策方針を宣伝し、民生に関心を持ち、文化を伝播し、群衆のために情報と精神の糧をもたらした。また、社会主義の核心的価値体系建設と牽引に重要な作用を発揮して、社会状況、民意に対して情報の架け橋となった。

さらに喜ばしいことには、中国の新聞記者は国際社会の各領域にも進出、世界が中国を理解し、中国が世界を理解するための情報源となっている。現在、中国国外で運営されている新聞出版機構は三百余にのぼっている。新華社、人民日報、光明日報、経済日報、中国日報、中国国際広播電台、中央電視台、中新社及び多くの地方メディアが国外に駐在記者を置いている。重大な国際的事件や活動はすべて、中国の新聞記者が深く取材を行っている。彼らは世界の発展に関心を持ち、国際状況を報道し、世界的な視野で紙面をつくり、中国の新聞記者のために国際的地位と声望を獲得している。彼らは中国文化と理念を伝え、中国の声をさらに明瞭に世界の人々の耳に届けて、力強く中華文化の国際伝播力と影響力を拡大している。

先輩記者の経験と我々の仕事の実践が明らかにしているとおり、新聞報道工作をよりよく行い、優秀な記者になるには、まずマルクス主義、毛沢東思想の指導を堅持し、理想と信念を固め、自分の祖国と人民を熱愛することである。範長江同志が言ったように、「一人の記者がもし一つの偉大な理想のために働けるとすれば、それは『鞠躬尽力、死而後已』に値する」。今日の新聞記者は、邵飄萍、簫楚女、惲代英、鄒韜奮ら先輩のように、常に生死が問われるような状況には置かれていない。しかし、一人の良識ある記者として、国家と人民の利益の為に、正確に、即時に、総合的に、客観的に、公正に報道することは、犠牲的精神を必要とするものだ。新時代の新聞記者は、国家と人民が賦与する権利を重視し、政治上は終始冷静さを保ち、マルクス主義の観点と方法から事物を観察して、鄧小平理論と「三つの代表」の重要な思想に基いて行動し、科学発展観を実現する必要がある。事実に基づき真実を求め、時代の変化に対応し、創造的に新聞工作を行い、世論の動向を正確に把握、誠心誠意人民と社会、党と全国に奉仕して、先人が党と人民に忠誠をつくした伝統を発揚しなくてはならない。

先輩記者の経験と実践は、新聞報道工作を行う上で、崇高な新聞職業上の情操と真理を追求する精神、深く取材し、深く思考することに長け、虚偽は書かないことが必要であると明らかにしている。「浅い海を探す者は魚を得るが、深い海を探す者は龍を得る」と言う。範長江、鄒韜奮、穆青など、一世代前の新聞工作者が、『動蕩中之西北大局』『萍棕寄語』『県委書記的榜様——焦裕禄』などの、今でも人々が伝え讃える名作を著したのは、偶然ではない。彼らは一つの報道するのに、往々にして千里を歩き、数百人に会い、掘り下げて取材して、思想を練った。名作の一編一編は苦労の汗がしみこんでいる。会議に入りびたり、インターネットを見つめてニュースを探しているようでは、名記者は現れない。現代の新聞記者が人々に喜ばれ、ひいては永久に残るような報道をしたいと思うのであれば、「三貼近（実際に寄り添い、生活に寄り添い、群衆に寄り添う）」を実現するのは必須である。改革開放と現代化建設の偉大な実践の中に深く入り、豊富で多彩な実際の生活や人民の中でさらにニュースを掘り下げ、先輩たちの「足で稼ぐ」素晴らしい仕事ぶりを大いに発揚することが必要なのだ。

新聞報道工作をより良く行うためには、豊富な知識と広い視野が必要である。専門知識がなければ、専門的な報道をこなすのは難しい。新聞記者の先達、例えば胡愈之、エプスタイン、穆青、範敬宜等は、死ぬまで勉強という信念を貫き、一生絶えず学んで、取材の前には「予習」し、いつでもどこでも学習した。彼らの深い学識、広い視野と美しい言葉が、新聞作品を情感あふれ、知恵の輝きがひらめき、読者が争って読み、広く語り伝えられるものとしている。現代の新聞記者が、世論をリードするという仕事の新しい形、新しい要求に適応していくためには、絶えず知識構造を完璧なものにし、知識領域を広げ、自分の素質を高める必要がある。国内外の状況の変化を理解するためには、世界的観点と戦略思考を養い、グローバルな報道意識を強化する必要がある。現代の経済、法律、文化と様々な科学技術を学んで、情報化が進む中で新聞報道の規律と報道技術をさらに研究し、情報、データ、ネットワーク等現代科学技術をうまく運用して、新聞工作を発展させる必要がある。新聞の吸引力と影響力は記者の知識や素養と密接に結びついており、また時宜にかなった学習は「紅色記者」の鮮明な特徴である。新時代の新聞工作者は、必ずや先輩の根気強い学習精神をさらに盛んにしなくてはならない。

今年は中国共産党創立九十周年にあたり、我々はすでに中華民族の偉大な復興の道を歩んできている。中国はすでに新聞出版大国から新聞出版強国への新しい道のりを進んでいる。昔を回顧すれば歳月は険しく、未来を見れば心は揺れる。建党九十周年を迎えるにあたり、我々は革命のため人民のため傑出した貢献をした先達の新聞記者たち（本書が収録しているのはすでに故人となった中国の著名な「紅色記者」である）を心から回顧する。『中国紅色記者』を編集出版するのは、今は亡き先輩新聞記者を偲び記念するだけでなく、現代の若い新聞記者が学習を深め、先人の精神品格を継承し発揚し、その足跡をたどってさらに向上心を燃やし、鋭意新しいことに取り組んでもらうためである。そして引き続き人民の立場にたった記事を書き、中国新聞事業の輝かしい章を不断に記録し続けるためである。

さらに十年が経てば建党百周年にあたる。我々は新聞出版大国から新聞出版強国に変化していることだろう。そのときに生まれ合わせた若い新聞工作者たちは、大いに力を発揮することができる。青年記者がこの偉大な時代にさらに奮闘努力し、先人について学び先人を超え、中華民族に永遠の記憶を残すことを希望する。

# 目　次

1. 新文化運動の総司令　**陳独秀**（ちん・どくしゅう　一八七九―一九四二）　13
2. 〝鉄肩辣手〟　**邵飄萍**（しょう・ひょうへい　一八八六―一九二六）　19
3. マルクス主義を伝えた先駆者　**李大釗**（り・たいしょう　一八八九―一九二七）　25
4. 筆も立つ、能弁な真の男子　**蕭楚女**（しょう・そじょ　一八九一―一九二七）　31
5. 新聞を創刊した哲学者　**潘梓年**（はん・しねん　一八九三―一九七二）　37
6. 中国青年の模範　**惲代英**（うん・だいえい　一八九五―一九三一）　43

7. 建党初期の宣伝家
**蔡和森**（さい・わしん　一八九五―一九三一）　49
8. 女性解放運動の先駆者
**向警予**（こう・けいよ　一八九五―一九二八）　55
9. 読者を愛し、人民に奉仕する
**鄒韜奮**（すう・とうふん　一八九五―一九四四）　61
10. 共産党の新聞出版者
**胡愈之**（こ・ゆし　一八九六―一九八六）　67
11. 中国人民の優秀な子
**瞿秋白**（く・しゅうはく　一八九九―一九三五）　75
12. 新聞の真の意義を追い求めた先駆者
**張友漁**（ちょう・ゆうぎょ　一八九九―一九九二）　81
13. 筆鋒鋭い闘士
**夏衍**（か・えん　一九〇〇―一九四六）　87
14. 職に殉じた軍事報道の奇才
**羊棗**（よう・そう　一九〇〇―一九四六）　93

15. 教師から戦地記者へ　**曹聚仁**（そう・じゅじん　一九〇〇―一九七二）　99
16. 毛沢東の公式写真を初めて撮影したカメラマン　**鄭景康**（てい・けいこう　一九〇四―一九七八）　105
17. 激情ほとばしる女性記者　**楊剛**（よう・ごう　一九〇五―一九五七）　111
18. 真理にすべてをかけた報道人　**惲逸群**（うん・いつぐん　一九〇五―一九七八）　117
19. 無産階級の報道理論家　**陸定一**（りく・ていいつ　一九〇六―一九九六）　123
20. 世界のニュースを切り開き、民族文化を開拓した　**薩空了**（さつ・くうりょう　一九〇七―一九八八）　131
21. ありのままに世界各地を描いた　**金仲華**（きん・ちゅうか　一九〇七―一九六八）　137
22. 中共新聞宣伝事業の重要な貢献者　**廖承志**（りょう・しょうし　一九〇八―一九八三）　143

23. 西北に至り、塞上で名を成した
**範長江**（はん・ちょうこう　一九〇九―一九七〇）　149
24. 長城を見張る者
**孟秋江**（もう・しゅうこう　一九一〇―一九六七）　155
25. 白兵戦もいとわない報道闘士
**浦熙修**（ほ・きしゅう　一九一〇―一九七〇）　161
26. 地図を持たない旅人
**蕭乾**（しょう・かん　一九一〇―一九九九）　169
27. 困難な道を歩んで業績を残した
**劉尊祺**（りゅう・そんき　一九一一―一九九三）　175

# 1. 新文化運動の総司令

陳独秀

陳独秀《ちんどくしゅう》（一八七九～一九四二）は中国共産党初期の主要なリーダーで、新文化運動の提唱者の一人でもある。政治、社会活動として、『国民日報』『安徽俗話報』『新青年』『毎週評論』など九紙を創刊、もしくは創刊に関与した。中国の近現代において、定期刊行物を使って政治、文化運動を起こした著名な評論家である。

陳独秀は、代々官僚を務めた名門に生まれ、早くに科挙の予備試験に合格し「秀才」の称号を得る。郷試に落ちた後、汪孟鄒など戊戌維新運動家との交流を深めた。一九〇一年、陳独秀は日本へ留学し、中国人留学生たちが日本で創刊した『翻書滙編』、『国民報』などの西洋のブルジョワジー政治学説を紹介した刊行物に触れて、「改良主義」から「革命」へと転向する。一九〇二年に帰国し、愛国会を結成するが、このために清朝政府から追われることになった。

一九〇四年、陳独秀は『安徽俗話報』を創刊。国家の危機を救い、人々の知識を高めることを旨とし、内容は新鮮で言葉も平易だったので、進歩的な若者から広く支持された。後に陳独秀が章士釗の招きで上海へ移った際に『安徽俗話報』は停刊となった。

一九一五年初夏、陳独秀は上海で『青年報』の創刊を準備し、「当時の停滞した暗澹たる社会的政治的空気のなかで建設的かつ効果的な啓蒙活動を開始」した。九月十五日『新青年』第一期が読者の前に姿を現した。創刊号で陳独秀は『敬告青年（謹んで青年に告ぐ）』という一文を掲載し、文中で民主と科学の旗を高く揚げ、車の両輪として推し進めた。それ以前に多くの新聞が差し止められたことに鑑み、当局の迫害を避けるため、陳独秀は雑誌を青年の思想を改造し、教養に資するもので、時の政治状況を批判するものではないと主張した。彼の影響下で、雑誌『新青年』を舞台に、民主主義、科学主義、新文学を提唱し、専制主義や迷信、古い文学を否定する新文化運動が激しくわき起こってきた。

一九一七年のはじめに、陳独秀は蔡元培の招きで北京大学文科の学長となり、『新青年』も北京へ移転した。北京大学に着任後、進歩的な学者らが編集に参加、『新青年』に新たな血潮を送り込んだ。一九一八年一月の第四巻第一号より編集が輪番制となり、陳独秀、銭玄同、劉半農、胡適、李大釗、沈尹黙らが編集主幹を務めた。主要な執筆者には、魯迅、周作人、高一涵らがおり、新文化運動を広める強力な統一戦線を形成した。

一九一九年、五四運動が始まると、陳独秀は『毎週評論』を使って五四運動を報道し、『告北京市民宣言』を起草した。陳独秀は宣伝ビラをまいている際に逮捕されたが、そのニュースが伝わるや世論がわき上がり、社会団体、著名人、学者、学生などが電報や手紙を通して救出を訴えた。五四運動の後期には、陳独秀はマルクス主義に触れ、これを宣伝し、中国共産党設立に加わった。また中国共産党第一回大会で中央局書記に選出された。一九二九年党を除

『新青年』

名となり、一九四二年四川省江津で病により死去した。

## 『敬告青年』について

新文化運動の先駆者として、陳独秀は『新青年』を運営すると同時に、文章を書くことにより運動の旗振り役をつとめた。彼は情熱をこめて、中国社会を変革する希望を青年たちに託している。『敬告青年』は彼が『新青年』に発表した最初の文で、封建的な道徳に反対し、民主主義と科学を追究するという強い願望が表現されている。

『敬告青年』で語られているのは思想の革新の問題である。文章のはじめでまず青年時代を初春にたとえ、人生で最も貴重な時期で、青年はこの大切な時期を大切にすべきとしている。青年期が人生の中で最も貴重なら、社会にとってはどうだろうか。この問いに陳独秀は「青年が社会の中に存るのは、元気な細胞が人の体の中にあるのと同じである」と答えている。これはまぎれもなく青年の社会に対する重要性を説いたもので、青年に対しては、細胞と同じく、社会に必要であり、社会への責任感を持つよういましめている。さらに、「新しく活発である価値と責任を自覚し」、「その知性を奮い立たせ」、国家のために奮闘せよ、と呼びかけている。こうした考えは現在でも通用するものである。続けて陳独秀は以下の六か条の具体的な希望を述べている。「自主的であれ、奴隷となるな。進歩的であれ、保守的となるな。積極的であれ、引きこもるな。世界に目を向けろ、鎖国的になるな。実利的であれ、虚礼に走るな。科学的であれ、空想はするな」である。多くの青年に、その青春を中国を改造するという大事業に捧げて欲しいと希望した。最後に「国民は無知蒙昧な時代と民の通俗化を恥じるなら、立ち上がって、科学と人権の双方を重んじるべきである」と述べている。ここに新文化運動の「民主」と「科学」の旗を大きく掲げたのである。

# 2.

# 〝鉄肩辣手〟

邵飄萍

2. 〝鉄肩辣手〟 邵飄萍

邵飄萍《しょうひょうへい》（一八八六〜一九二六）、本名は新成、またの名を鏡清、後に振青と改める。字は飄萍。浙江省東陽の生まれ。中国で初期にマルクス主義を伝え、ロシア十月革命を紹介した新聞記者の一人である。無産階級の傑出したジャーナリストで「新聞全才（オールマイティ）」と讃えられた。

一九一二年、邵飄萍は杭辛齋とともに『漢民日報』を創刊した。浙江省の汚職官吏に抵抗したため、三度にわたり逮捕された。一九一三年『漢民日報』は発禁となり、邵飄萍は日本へ渡り、東京政法学校で学ぶと同時に、東京通訊社を組織して中国へ送稿した。一九一六年帰国、上海の幾つかの大新聞に文章を寄せた。また北京で新聞編訳社という通信社を創設した。一〇一八年十月には北京で『京報』に投資し設立。特別に「鉄肩辣手」という四文字を編集室に飾り、自分と同僚の励みとした。この四文字は、邵飄萍の思う真理と、暴力的な相手をおそれない強い性格、そして新聞発刊の目的を表現している。『京報』は不偏不党で、軍閥の指図をうけず、何事も深層を追求、言論の自由を主張し、民衆の意見発表の場となったので、瞬く間に多くの読者を得た。

邵飄萍の取材手腕は相当なもので、常にスクープをものにしていた。民国初期の「府院の争い」(1)、中独断交(2)、金フラン事件(3)などのニュースは、彼が時機を把握し、臨機応変に深く取材して得たものだった。このため、張季鸞は彼を「報道外交」の名手と讃えた。

報道についての経験が豊富だったため、邵飄萍は一九一八年、新たに設立された北京大学新聞学研究所に講師として招かれ、実務課程を教えた。また一九二四年に『実際応用新聞学』を出版、自分の取材、執筆業務に関する経験を総括した。毛沢東はかつて学会の会員であったため、邵飄萍の講義を聴いたことがある。

一九二五年、李大釗と羅章龍の紹介で、邵飄萍は秘密裏に中国共産党に入党、郭松齢及び馮玉祥と密かに連絡を取り、奉天派軍閥の張作霖に反対した。一九二六年、張作霖と張宗昌は「赤化」反対の名のもと、北京に進攻、邵飄萍をとらえ、「赤色ロシアと結託、赤化を宣伝した」という罪名で処刑した。

一九三六年夏、毛沢東は著名なアメリカ人ジャーナリスト、エドガー・スノーに自伝を語った際、「特に邵飄萍からは、得るところが非常に大きかった。新聞学会の講師で、自由主義者、熱い理想とすばらしい品性を持った人だった。」と述べている。

## 『我国与世界戦局』について

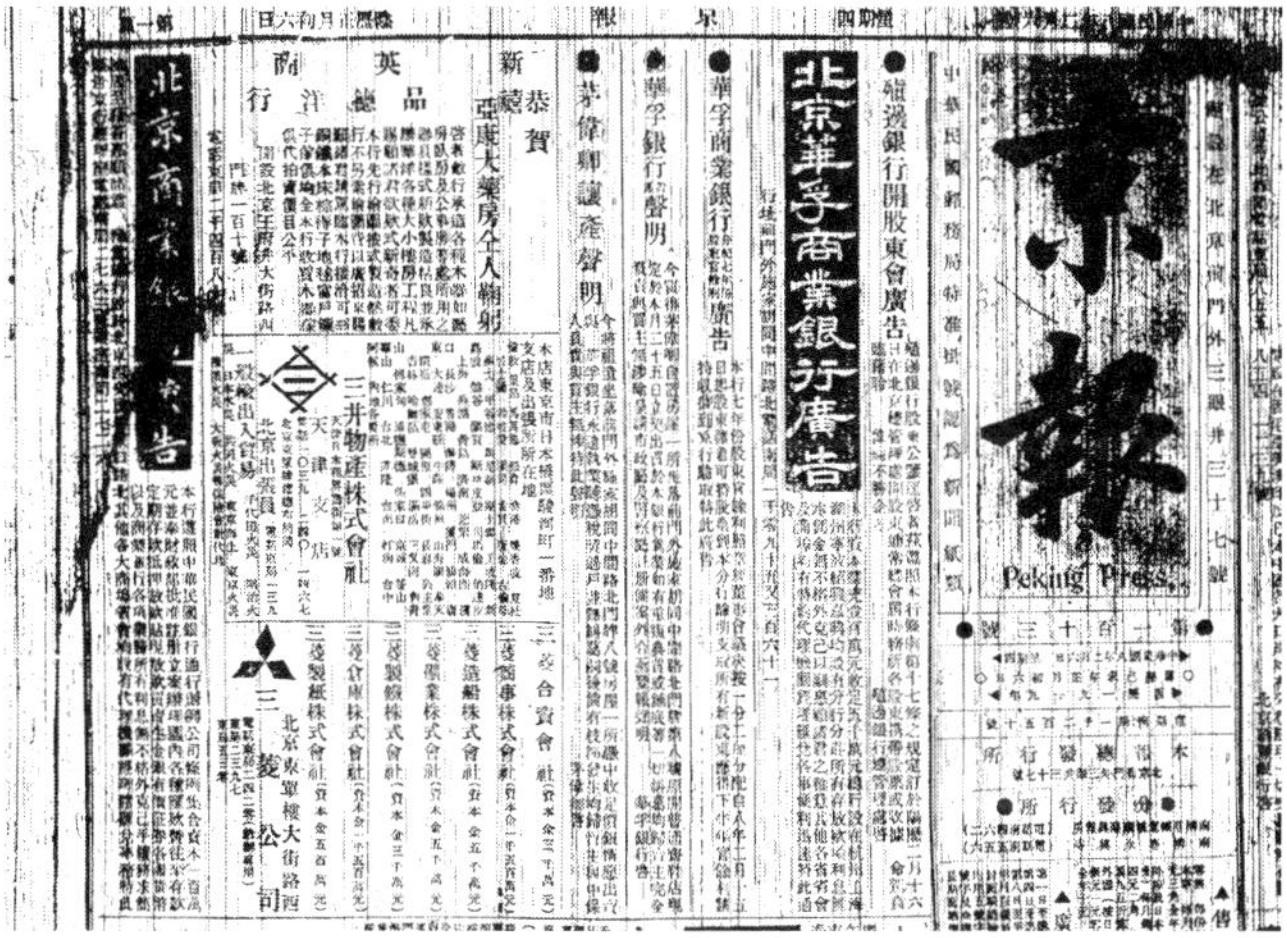


『京報』

邵飄萍は一九一七年二月九日から四月二十三日まで、『中報』紙上に『我国与世界戦局（我が国と世界の戦局）』というタイトルで二十三篇の記事を発表、戦争に加わる是非や中独国交断絶、宣戦、いかに参戦するかなど重要な問題を報じた。第一次世界大戦が始まると、中国と日本、ドイツ、アメリカなど帝国主義列強間の複雑な関係や関連した重大事件の一つ一つの関連を説明し、事件の原因、経緯、結果を報道、さらにその後を予測し、中国と諸外国間の協議議決の決定過程を紹介した。中国は参戦すべきか、いつ、どのように。こうした重要な問題に中国政府は態度を決めかねており、さらに段祺瑞と黎元洪の間で「府院の争い」が起こった。段祺瑞は天津へ出奔、黎元洪は退

（1）中華民国（北洋政府）初期の一九一六年から一九一七年にかけて、中華民国大総統の黎元洪と国務総理の段祺瑞の間で行われた政治闘争。

（2）第一次世界大戦勃発後、中華民国内でも連合国側についての参戦を主張する声が上がり、一九一七年三月十四日に中華民国はドイツとの国交を断絶。

（3）中国とフランスの間でおきた義和団事件の賠償金の支払い方法に関する論争。

かざるを得ず、段祺瑞は三月六日に夜十一時に北京へ戻った。邵飄萍は駅に出迎えに行くも会えず、自動車で総統府へ向かった。門外で通行を遮られたが、策を講じて取材することができた。段祺瑞と未明三時まで話し合い、「府院の争い」について理解したばかりでなく内幕まで情報を得て、さらにその後に起こりうる事態についても把握した。このレポートは、『我国与世界戦局』の第十四回にあたる文章で、中独国交断絶に関係した意志決定の過程とその具体的な方法を表し、八つの項目について問題を分析し明らかにしている。

邵飄萍は『実際応用新聞学』の中で、ジャーナリストに対して「脳を休ませることなく、耳目はいたるところで警戒を怠らず、世の中のすべての出来事を網羅して変化に備えよ」と説いている。この文章は、なみはずれた取材による作品で、手本となるものである。

# 3. マルクス主義を伝えた先駆者

李大釗

李大剣《りたいしょう》（一八八九〜一九二七）は字を守常といい、一八八九年十月二十九日に河北省楽亭県大黒坨《だいこくた》村に生まれる。幼くして父母に死に別れ、祖父の李如珍に育てられた。祖父は読書人で、孫に大きな期待を寄せ、厳しく教育した。三歳で文字を学び、五歳で書を読み、七歳で私塾に入学した。一九〇五年永平府中学に入学、一九〇七年に北洋法政専門学校へ進んだ。一九一三年には日本に留学し、早稲田大学に入学した。留学中は国内の時局の変化に積極的に関心を寄せ、『国情』、『警告全国父老書（全国の父老に警告す）』などの檄文を発表、政治に対する鋭い目線を示した。一九一六年六月に帰国すると、新文化運動に身を投じ、『晨鐘報』や『甲寅日刊』などの編集を担当した。旧文化の弊害を暴露し、青年に古い礼教や旧道徳を一掃して、障壁を打破し新たに創造すべしと説い

た。

一九一七年、ロシアで十月革命が起こると、大いに啓発され、中国で最も早期のマルクス主義者となってマルクス主義を広めた。一九一八年、李大釗は章士釗の推薦で北京大学図書館の主任となった。北京大学に赴任するとすぐに『新青年』編集部に参加、引き続きマルクス主義を研究し、『法俄革命之比較観（フランス、ロシア革命の比較）』、『庶民的勝利』などロシア革命とマルクス主義を紹介する文章を発表して、中国人民に新たな革命闘争の方向性を示した。これは当時の志ある青年に影響を与え、その中には当時北京大学図書館で司書補として働いていた毛沢東も含まれている。李大釗はまた、資産階級改良派の胡適と「問題と主義」論争を展開し、思想界に大きな反響を起こすと同時に、マルクス主義の宣伝拡大も行った。一九一八年後半から一九一九年にかけて、新文化運動が発展すると、『国民』、『新潮』、『新青年』、『毎週評論』、『晨報』（副刊）を舞台に新文化と革命民主主義思想を展開、五四運動に思想的な働きかけをした。五四運動の発展に伴い、『晨報』（副刊）と『新青年』でそれぞれ研究特集号を始め、マルクス主義の総合的な研究と宣伝を進めた。

一九二〇年、李大釗は北京共産主義小組《グループ》とマルクス学説研究会を立ち上げ、中国共産党設立の基礎固めをし、党の主要な創立者の一人となった。一九二一年、中国共産党の創設後、李大釗は党中央を代表して北方区において組織をつくった。一九二二年、党の求めで上海の孫文と会見し国共合作を進め、一九二四年には広州で中国国民党第一回全国代表大会に参加し、主導的役割を務め、国民革命統一戦線の創建のため、第一次国共合作に大きく貢献した。同時に、中国共産党北方区執行委員会の初期として、河北省、河南省、山西省、陝西省、内モンゴルと東北など広い地域で党活動を行い、全国を震撼させた「開灤大罷工」の「二七大罷工」などの大規模なストライキを起こさせた。五・三〇運動では、民衆を組織して激烈な反帝反軍閥闘争を指導した。各革命勢力に多くの宣伝と教育、統一戦線工作を行っ

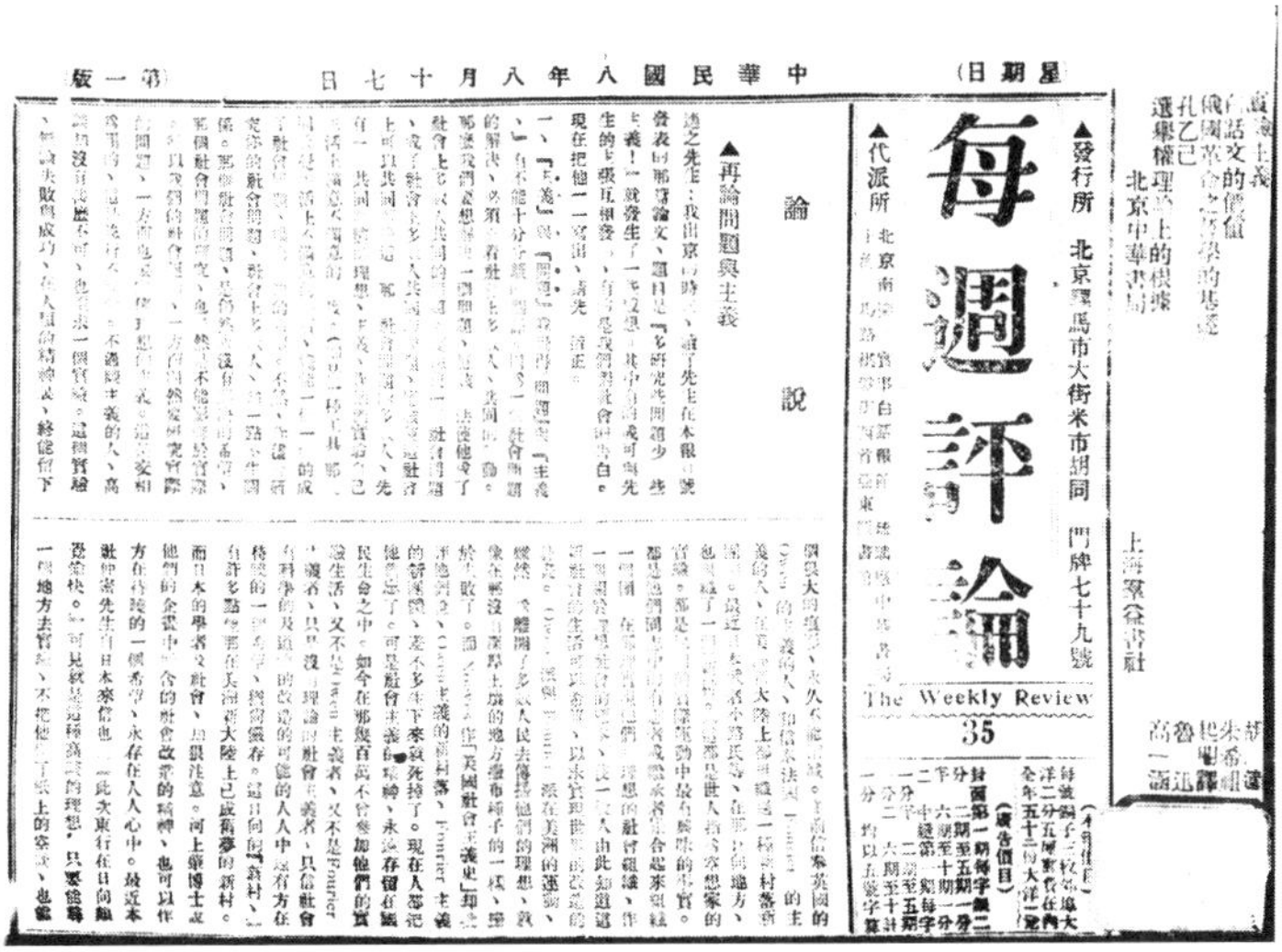


『毎週評論』

た。三・一八事件以後、北京が白色テロに覆われると、李大釗は地下に潜伏、秘密工作を行った。

　奉天派軍閥の張作霖が北京に入城後、革命の鎮圧の嵐が巻き起こった。一九二七年四月六日、李大釗は捕らえられ、四月二十八日、犠牲となった。李大釗は処刑前に『獄中自述』を書いて多くの若者を励ました。「民族解放の事業に努力する志を立て、その信ずるところを実践し、その知るところを励行した。功も罪も、かまうものではない」

## 『再論問題与主義』について

　李大釗の『再論問題与主義（再び問題と主義を論ず）』は、胡適の『多研究些問題少談些主義（問題研究をより多く、主義を語るのをより少なく）』という一文への返答である。文中では、まず「主義」と「問題」の関係を明らかにし、主義と問題は切り離せないものであると述べている。続けて当時の「主義」の名を借りた社会現象や過激主義を批判し、最後に歴史唯物史観の立場から、経済問題の解決こそ根本的な解決であり、しかもそれには相当な準備が必要だと主張した。文全体は非常に論理的で、一言一句がきちんとはまっている。具体的には、よく知られた事例を引用して抽象的な論点を明確に説明している。論述の仕方は、弁証法の考え方と歴史唯物史観の観点をよく表している。国内外の歴史と社会の現状を見通し、歴史と事実から学んで、歴史と論理の統一を成し遂げた。文体はわかりやすく、ものの見方は独特かつ明確で、当時の歴史環境のもとで、民衆を啓発し、混乱を治めて、事実の正しい見方を広める役割を果たした。

# 4. 筆も立つ、能弁な真の男子

蕭楚女

## 4. 筆も立つ、能弁な真の男子　蕭楚女

蕭《しょう》楚女《そじょ》（一八九一〜一九二七）、本名は樹烈、又の名を蕭秋という。一八九一年秋、湖北省漢陽県鸚鵡洲の材木商の家に生まれる。幼い頃、家庭は裕福だったので、きちんとした教育を受けた。しかし、良いことは長続きせず災難に見舞われ、家は零落、失意のうちに父親は亡くなった。その後、家が火事になり、財産をすべて失った。母親について転々としながら、生計を立てようと茶館で働いたり、新聞の売り子や客船での雑務をしたり、丁稚奉公して働いたりした。生活のつらさ、社会の冷たさ、人の世の厳しさは、彼の向学心、向上心をさらに刺激し、国家の危機を救う使命感に火をつけた。国に尽くす志を抱いて、新軍に加わり、砲撃戦で片耳の聴力を失う。辛亥革命の後、革命党は内部で抗争、革命に望みがないと見た蕭楚女は隊を離脱した。一九一二年武昌新民実業学校へ入

学、在学中に社会哲学、国際政治を学び、時局の変化を見て、国家の命運に思いをはせた。理想の実現を探求する決意を固め、楚の地にいたことから、救国の志を持って「楚女」と改名した。『楚辞』では「女」すなわち神女は賢人のたとえであるからだ。

卒業後、蕭楚女は反袁世凱闘争に身を投じ、この時期に報道、学会の知識人と交流があった。一九一五年、反袁世凱の『崇徳報』の主筆となった。五四運動が起こったあと、積極的に報道の仕事に身を投じ、「『大江報』と『大漢報』が世の中に大きな反響をひきおこしたのを見て、新聞の影響力を知った。」これ以降、書くことに力を注ぎ、でたらめな理論を叩いて民衆を啓発した。一九二〇年二月、惲代英が組織した「利群書社」に武昌から参加、志を同じくする戦友となった。風雲急を告げる学生運動の中で、蕭楚女は筆をふるって誤りを正そうとしたため、社内での反対と排斥に合い、憤然として職を辞した。一九二〇年、蕭楚女は襄陽に行き、省の第二師範学校の教師となった。しきたりにこだわらず、時代とともに発展していくことを主張、教育を通して新思想、新文化を伝えようとした。一九二二年夏、惲代英と林育南の紹介で中国共産党に入党、巴蜀へ移って教鞭をとった。一九二三年夏、惲代英の推薦で『新蜀報』の主筆となる。鋭敏な観察力と鋭い文章で時局の誤りを指摘、このため『新蜀報』はかなりの影響力を持つことになる。彼は多くの文章に「楚女」と署名を入れ、それが生き生きした文だったので、多くの青年が女性と勘違いし、求婚の手紙が多く舞い込んだことが笑い話として伝わっている。

一九二四年五月、蕭楚女は上海に行き、『中国青年』の編集の仕事についた。これ以降、蕭楚女の名が全国に知られるようになる。その後、社会主義青年団中央委員に任ぜられ、各地を回って青年運動を指導し、宣伝活動を行っていく。一九二五年末、蕭楚女は広州へ行き、毛沢東と革命工作を展開する。毛を助けて『政治週報』の編集を行うほか、農民運動講習所の中核となった。仕事への優れた取り組みと熱心な態度で、毛沢東から「筆も弁も立ち、文章は

新蜀報
今日出版兩大張

『新蜀報』

勢いがあり抗う力がある」と褒め称えられた。一九六四年になって毛沢東は、蕭楚女を称えて、「彼は大変好ましい人物で、農民運動講習所はもっぱら彼に頼っていた。」と言っている。周恩来も当時、「蕭楚女同志は下層階級の労働者であり、勤勉で、長期に革命で鍛えられ、工農兵にマルクス主義を伝えた尖兵である。」と語っている。その頃、簫楚女は黄埔軍校とも関係するようになり、政治教官となった。学校にいる間に、『社会科学概論』と『革命党人的基本素質』等の著作を執筆した。

一九二七年、簫楚女は広東反革命政変（上海クーデター）で逮捕され、四月二十二日に南京石頭城監獄で犠牲となった。

## 『国民革命と中国共産党』について

第一次国共合作にあたり、当時共産党員が国民党に加入したものの、戴季陶ら右派勢力の排斥に遭った。このため、蕭楚女は筆を揮って、『国民革命と中国共産党』という文章を書き、反撃した。戴季陶らの言論の誤りに対して、事実を根拠に論証し、「その矛をもってこの盾をついてみよ」と言うのと同様、右派のでたらめな理屈は論拠が崩れ去った。文章は平易だが、簡潔で力強く、時に激しく時におだやかに、めりはりがきいて爽快であった。当時、国共の力の差が非常に大きい中で、国民党右派に対する有力な反撃となり、また闘争により団結するという困難なことを達成した。文章は理論と根拠をもって中国共産党の国民革命に対する偉大な貢献を評価したもので、多くの人々から受け入れられた。文章全体には抗う力にあふれ、作者の知恵と勇気を体現した、優れた檄文である。

## 『顕微鏡下之醒獅子派』について

一九二四年、国家主義派は上海で『醒獅』週報を創刊し、反共、反人民の視点で宣伝活動を行った。彼らは全民革命の旗を打倒し、大革命運動に反対しようとした。簫楚女は国家主義派の反動的な本質を明らかにしようと、『顕微鏡下之醒獅子派』を書いた。文中、全面的に批判を展開、中国共産党の国家主義派に対する反対を表した代表作となった。この文は多くの事実を元に、国家主義派の国民革命や民族統一戦線に対する反対の誤りを逐一反駁したもので、論拠は明確で分析も深く、文中には闘争心があふれている。文中で深く国家主義派を解剖し、様々な面でその反動的な体質を明らかにし、その隠れ蓑をはいだものである。国家主義への反駁を基調に、具体的な例を通して、中国革命運動は世界の革命運動と結びつく必要性があることを明らかにし、コミンテルンの支持を得ることが必須だと説いた。全体を見ると、着想は高邁で、論理は緻密、批判は力強く発想は独特で、政治論文の模範と称するに足りるものである。

# 5. 新聞を創刊した哲学者

潘梓年

潘《はん》梓《し》年《ねん》（一八九三〜一九七二）、又の名を宰木、定思、弱水、任庵ともいう。中国共産党の新聞発刊活動家、哲学者、論理学者。『北新』、『洪荒』などの進歩的刊行物を主編した。抗日戦争が勃発したあと、『新華日報』を創設、社長となった。新中国成立後、中国科学院哲学社会科学部の副主任兼哲学研究所所長となった。

一八九三年一月十一日、潘梓年は、江蘇省は宜興のある読書人の家に生まれ、幼い頃から父親の私塾で学んだ。一九二〇年、北京大学哲学系の聴講生となり、『新青年』や『新潮』などの進歩的な本を読み始めた。九二七年、潘梓年は上海で中国共産党に加入、北新書局で『北新』『洪荒』などの刊行物を主編した。月二回の刊行である『北新』には、ほぼ毎回潘梓年の書いたものが載っていた。その中で最も影響力があったのは、『青年的煩悶（青年の苦悩）』と

『青年応当煩悶碼？（青年は苦悩すべきか？）』である。一九三〇年党から派遣され、上海左翼文化運動のリーダーの一人となる。

一九三三年五月十四日、潘梓年は裏切りにあって国民党に逮捕され、南京軍人監獄へ投獄された。その頃潘梓年は『邏輯与邏輯学（論理と論理学）』の初稿を書き、ジョン・デューイの『How We Think（思考の方法）』を翻訳している。

一九三七年六月に潘梓年は出獄することができた。同年十二月、周恩来の指示で潘梓年は南京に赴き、『新華日報』を創設した。国民党の妨害に遭いやむをえず、まず『群衆週刊』を出版した。繰り返し努力した末、一九三八年一月十一日、『新華日報』第一期が武漢で発刊され、社長に任命された。

『新華日報』が創設された当初、政治状況はきわめて複雑で、九年間にわたって潘梓年は新聞社の同僚とともに、機知巧妙に国民党当局に対して反封鎖反迫害闘争を展開して、『新華日報』に独自の風格をもたらした。国民党の反動当局は、常に検査の名目で『新華日報』の重要なニュースを差し止めたので、紙面には毎回大きな空白部分があった。国民党はさらに報道検閲組織を『新華日報』の目の前に設置しようとした。潘はただちに国民党当局に交渉に赴き、「あなた方の検閲は今でもろくでもないのに、もし検閲組織を我が社の目の前に置くというのなら、新聞史のなかで最も汚い一ページとなるだろう。この罪悪は誰にも背負いきれないものだ。やりたいといっても、賛同はできない。私はつつしんでお断り申し上げる」といい終わると、堂々と立ち去った。

新聞社での煩雑な事務を忙しくこなしながら、紙上に数百編の社説、専門論説その他の署名記事を書いて、中国共産党の抗日救国の主張を宣伝し、国民党反動派の妥協投降を明らかにして分裂させ、共産党や民主運動に対する各種の策略に反対し、国民党の反動政治と政治宣伝闘争を行った。

中華人民共和国建国の後、潘は哲学研究に戻り、中国科学院哲学社会科学部副主任兼哲学研究所所長となり、我が

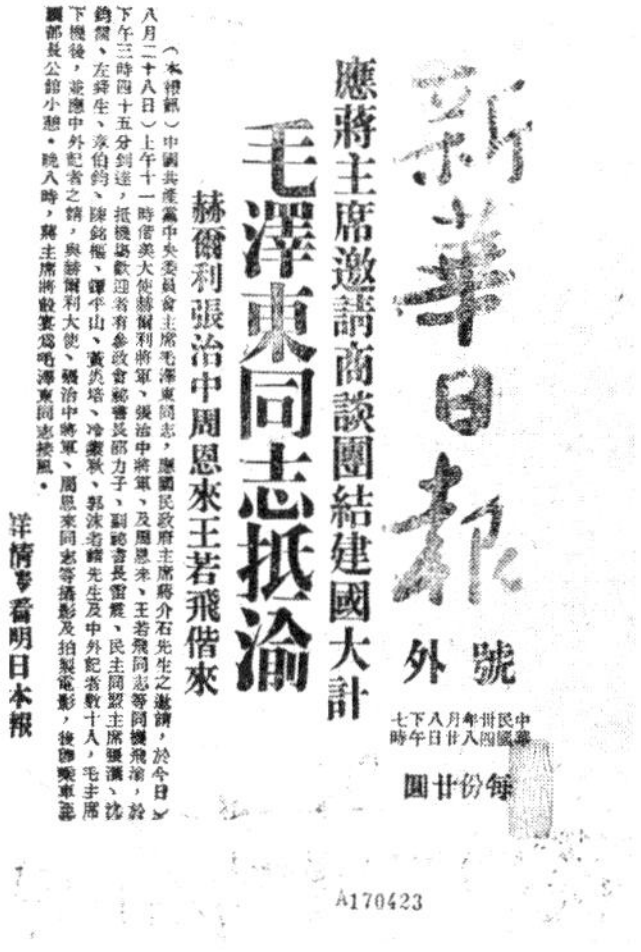
新華日報
號外
中華民國卅四年八月廿八日下午七時
每份廿圓

應蔣主席邀請商談團結建國大計
毛澤東同志抵渝
赫爾利張治中周恩來王若飛偕來

（本報訊）中國共產黨中央委員會主席毛澤東同志，應國民政府主席蔣介石先生之邀請，於今日（八月二十八日）上午十一時偕美大使赫爾利將軍、張治中將軍、及周恩來、王若飛同志等同機飛渝，於下午三時四十五分到達，抵機場歡迎者有參政會秘書長邵力子、副秘書長雷震、民主同盟主席張瀾、沈鈞儒、左舜生、章伯鈞、陳銘樞、譚平山、黃炎培、冷遹、郭沫若諸先生及中外記者數十人，毛主席下機後，並應中外記者之請，與赫爾利大使、張治中將軍、周恩來同志等攝影及拍製電影，後即乘車赴張部長公館小憩。晚八時，蔣主席將設宴為毛澤東同志接風。

詳情參看明日本報

A170423

『新華日報』（重慶版）

国初の哲学専門書『哲学研究』を出版、『自然弁証法研究通訊』を創刊し、全国の哲学研究を推進した。

潘は「文革」中にひどい迫害にあい、一九七二年四月十日獄中で病死した。

## 『光明的前途』について

『光明的前途』は一九三七年に書かれ、『新華日報』に先立ち発刊された『群衆週刊』に掲載された。潘は蒋介石が当時発表した『国共合作宣言』に対して、「広く強固な民心」を分析、国内外の情勢に基づいて、抗日戦争の前途は明るいと結論づけ、解決すべき問題を指摘した。文章はわかりやすく、多くの人々が読むのに適していた。当時の抗戦世論を導き、中国共産党の抗日民族統一戦線の宣伝によい作用をもたらした。

# 6. 中国青年の模範

惲代英

　惲代英《うんだいえい》（一八九五〜一九三一）の原籍は江蘇省武進、一八九五年に湖北省武昌に生まれた。十九歳の時に惲代英は『東方雑誌』の紙上で処女作『義務論』を発表した。その後『新無神論』『懐疑論』『文明与道徳』などの文章を続けて発表した。大学在学中に、惲代英は『光華学報』『新青年』『少年中国』などの刊行物に八十あまりの文章を発表した。一九一七年、惲代英は黄負生らと武漢地区で最も早く進歩団体「互助社」を組織し、「国家と社会に仕える」ことを主張した。

　一九一九年惲代英は、李大釗が設立した少年中国学会に参加。一九二〇年林育南らと利群書社を設立し、マルクス主義の研究を始めて、新文化・新思想を伝える陣営に入った。その年の秋、エンゲルスの『家族・私有財産・国家の起源』の部分訳を発表した。この後、雑誌『新青年』の依頼でカウツキーの『階級闘争』を翻訳した。この本は毛沢東、周恩来、董必武ら革命家の思想がマルクス主義へと向かうことに、大きな影響を及ぼした。

中国社会主義青年団第二回全国代表大会の後、惲代英は上海に戻り、鄧中夏らとともに団中央の機関刊行物『中国青年』を創刊し、編集主幹となった。自ら百を越す文章と数十のレポートを書き、『中国青年』はすぐにマルクス主義と共産党の主張を広報し、国民党右派を批判する重要な場となった。文章の中で惲代英は、空虚な建前論ではなく、わかりやすい言葉で青年の絶対的利益と革命理論を結びつけて述べ、この世代の青年全体に影響を与えた。

一九二八年、中国共産党第六回全国代表大会の後、惲代英は上海で中共中央機関の雑誌『紅旗』の編集を主管、また中共上海地区の党機関誌『上海報』の編集及び『毎日宣伝要点』の作成を担当した。これらを通して毛沢東が農村革命の根拠地設立及閩西根拠地の成功に対して熱い賞賛を送った。

刊行物を通して新思想、新理論を広め、多くの民衆に革命への情熱を喚起させる。これは惲代英の、長きにわたり一貫して持ち続けた新聞発行の理念だった。彼は世論を一つの社会的な力とみなし、「今、反動分子は武力だけでなく、反赤論のように世論でも我々を抑圧しようとしている」と考えた。そこで革命に携わる者は、この特別な力を革命を広め、反革命勢力を押さえる主要な力として利用することが必要と考えた。

刊行物による宣伝により組織をつくる力を発揮させるというのも、惲代英の新聞発行理念の一つである。政党の機関誌の刊行は、組織を強化する作用をもたらすと考えていた。惲代英が編集主幹を務めた『中国青年』は団の宣伝と組織化を担い、各地の団組織や青年組織が団、党を設立する活動に寄与した。惲代英は『中国青年』や『紅旗』の発刊を主な舞台として、各地に党、団組織を設立、党や団員、またその活動の中核を育て、五・三〇運動や広州蜂起などの闘争に不滅の貢献をした。

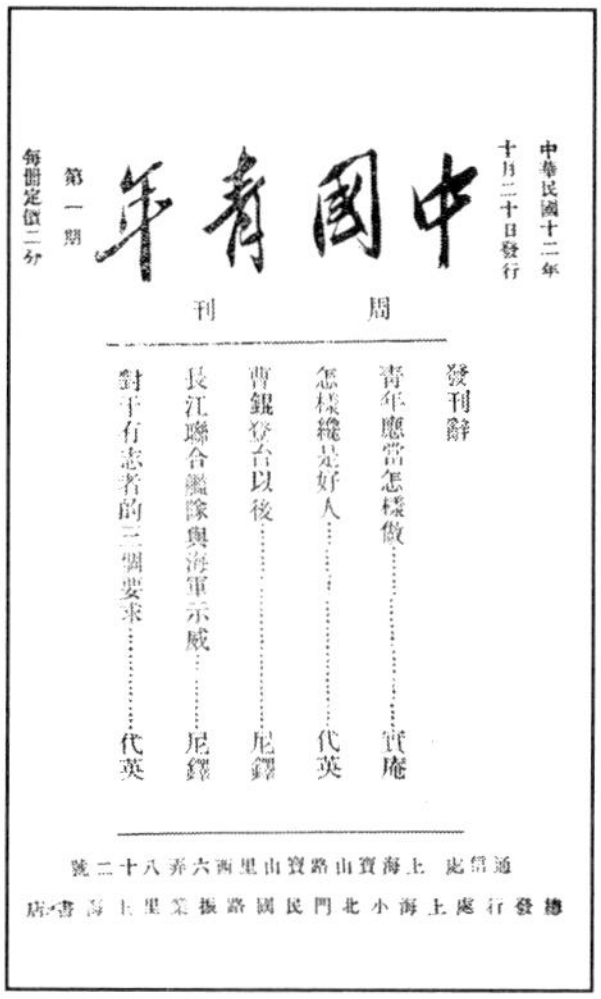
中華民國十二年十月二十日發行

中國青年

周刊

第一期

每冊定價二分

發刊辭

青年應當怎樣做……實庵

怎樣纔是好人……代英

曹錕登台以後……尼鐸

長江聯合艦隊與海軍示威……尼鐸

對于有志者的三個要求……代英

通信處　上海寶山路寶山里西六弄八十二號

總發行處　上海小北門民國路振業里上海書店

『中国青年』

一九三〇年五月六日、惲代英は上海で、国民党反動当局に逮捕された。獄中にあっても敵の脅しや誘惑に負けることはなかった。一九三一年四月二十九日、惲代英は三十六歳で南京監獄において殺害された。一九五〇年周恩来は惲代英の死後十九周年を記念し、その一生を高く評価して「中国青年の熱きリーダー、惲代英同志……その無産階級意識、仕事に対する情熱、固い意志、素朴な仕事ぶり、犠牲精神、大衆化の資質、感動的な説得力は永遠に中国青年の鑑である」と賛辞を送った。

## 『力行救国論』について

「政治は暗く、教育は腐敗し、衰えた中国には特効薬がない。しかし我々は常に青年の叫びを聞き、青年の活動を見ている。多くの人が、中国の唯一の希望はこうした血気盛んな青年のみと信じている」惲代英は『中国青年』創刊の辞の冒頭でこう力強く述べて、無数の若者の血を熱くたぎらせた。それは八十数年たった今でも依然として変わらない。

ロマン主義の色彩の濃い呼びかけは、惲代英の青年リーダーとしてのイメージをありありと紙上に写しだす。また、青年は古きを廃して新しきを打ち立て、着実に、個人の成長と民族の滅亡からの救済を統合すべし、という彼の思想の初期の輪郭が見て取れる。『力行救国論』は惲代英が青年を激励し、理想を堅実に、身をもって現実化するよう激励するために書かれた。彼はこのようにして一個人の意識や素質を磨くばかりでなく、一人の偉大な人格を形成し　さらに自己の人生における価値を実現することができると考えていた。文中で青年に対して、刻苦奮闘するという伝統を発揚し、現実主義の精神にのっとって焦らず驕らず、空論をかざす悪習を排除して、民族を救う着実な戦いに身を置くよう青年に求めている。

# 7. 建党初期の宣伝家

蔡和森

蔡和森《さいわしん》（一八九五～一九二一）、字を潤寰《じゅんかん》、号を澤膺《たくよう》、祖籍は湖南省湘郷。一八九五年三月上海で生まれる。中国共産党初期のリーダーで傑出した無産階級の革命家、理論家、宣伝家。

一九一三年、蔡和森は、長沙で革命理論を系統立って学び始め、民主革命の思想を次第に受けいれるようになった。湖南省立第一師範学校で学ぶ間に、蔡和森は毛沢東の親友となった。一九一八年、毛沢東とともに新民学会を創設、北京でフランスでの勤労留学組織を立ち上げた。フランスで苦学する間、蔡和森は報道から、ヨーロッパにおける労働者運動とロシア十月革命に関する多くの知識を得た。また、大量のマルクス主義及び各国革命のパンフレットを収集した。その中で重要かつ急ぎ必要なものを猛烈に読み、訳した。一九二一年末、蔡和森は、ボルシェヴィキ運動を行った過激派として、フランス当局により本国に送還される。この後、陳独秀らの紹介により中国共産党に入党、第二回全国代表大会で中央委員に選ばれ、李達に代わり宣伝活動を担当した。

蔡和森は結党にあたり、報道の重要性を深く認識していた。一九一八年六月には、すでに毛沢東あての手紙で、報道に携わりたいと書いている。この後も、陳独秀と毛沢東にあてた多くの手紙の中で、党組織の設立と党の刊行物創設について書いている。五四運動の前後に、国内で多くの出版物が思想もなく系統立ってもいない状況を見て、自らマルクス主義を宣伝する刊行物を創設するという思いを強くした。一九二二年八月、中共中央執行委員会は特別会議を開き、党の宣伝活動について話し合って、蔡和森を機関誌『向導』週報発行準備の責任者とした。蔡和森は原稿の依頼から植字、校正、印刷に至るまで自ら関わり、我を忘れて仕事に取り組んだ。『向導』が世に出ると、その斬新な紙面は一九二〇年代の思想界で躍進した。蔡和森が『向導』を編集していた二年と八ヶ月の間、発行は百十六期にわたり、『向導』全二百一期の半分以上になる。彼は長期間昼も夜も仕事に打ち込み、健康状況は悪くなる一方だったが、それを省みず、ぜんそくの発作を起こしながらも仕事の手を止めることはなかった。

蔡和森は『向導』を担当している間、理論と実践の融合を強く意識し、正確にかつ時宜に合わせて現実の闘争を宣伝した。五・三〇運動に際しては、報道の真実性を求め現実の革命に示唆を与えるため、鄭超麟を派遣して租界の大通りで愛国演説をする学生を取材させ、貴重な一次資料を得た。鄭超麟はこうした資料をもとに『帝国主義鉄蹄下之中国』を書いて『向導』紙上に掲載した。その文章は詳細かつ正確で理論だっており、帝国主義の罪状は反論の余地はないもので、民衆の反帝国主義、愛国主義の熱情を揺さぶるものだった。

蔡和森は傑出した編集主幹であるばかりでなく、多作であった。『向導』の創刊から一九二五年十月モスクワに赴任するまで、蔡和森は『向導』に百五十六篇の文章を寄せた。これは陳独秀に次ぐものである。その中には、彼名義

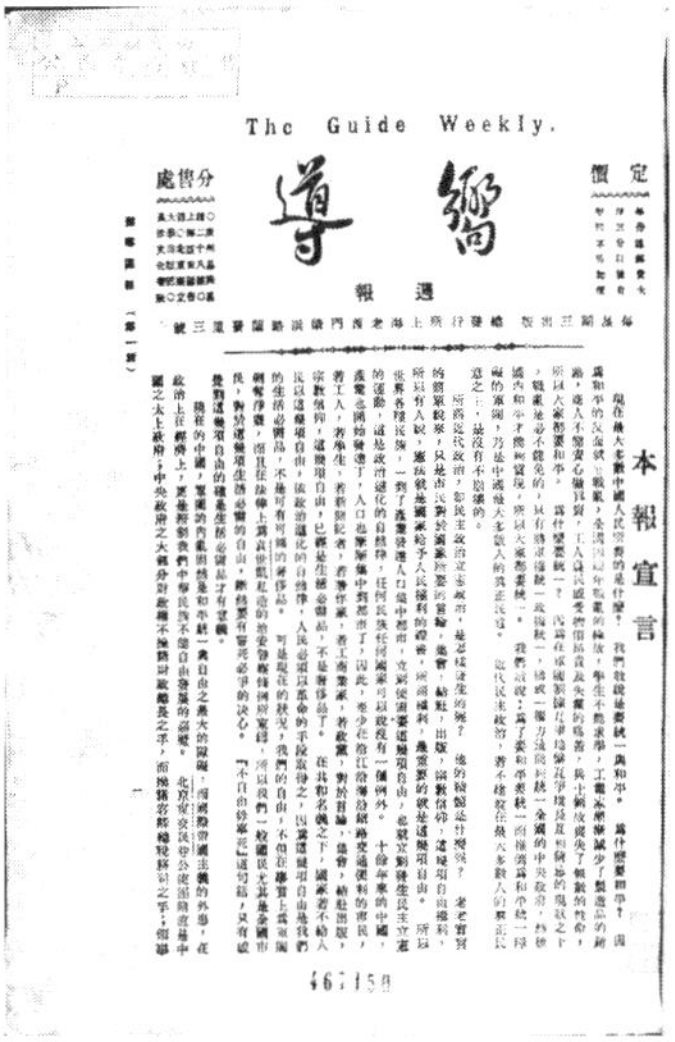
The Guide Weekly.

嚮導

週報

本報宣言

『向導』

のものが百三十四篇、妻の向警予と共同のペンネーム『振宇』名義のものが三十六篇ある。

一九二八年七月、中国共産党第六次全国代表大会の後、蔡和森は帰国し中央で活動に当たった。一九二八年年末には中国共産党のコミンテルン代表団の一員としてモスクワに派遣された。一九三一年年はじめに帰国し、中央で活動、この年の八月に国民党当局によりわずか三十六歳で殺害された。毛沢東は極めて重く情のこもった言葉で、その一生を次のように語っている。「共産党員がやらねばならぬ事を、和森同志はすべてやり尽くした」

## 『武力統一与聯省自治』について

『武力統一与聯省自治―軍閥専政与軍閥割拠』は、一九二二年九月二十日『向導』第二期紙上に発表された。目的は、党の民主革命綱領を宣伝し、当時、一定の支配力を持っていた改良主義のもたらした思想上の混乱を打破して、中国革命の道筋を明らかにするためだった。

辛亥革命後の中国社会は日に日に矛盾を増していた。帝国主義の中国への侵略と関与が増す一方で、軍閥はそれぞれ地盤を争うばかりで、民衆の生活は塗炭の苦しみの中にあった。蔡和森は当時の社会の弊害を冷静に認識しており、革命の真理を伝えるため、文章中でそれらの弊害を正した。蔡和森の理論は基礎がしっかりしていて、問題の分析を一言で行うことも多かった。文章は深いがわかりやすく、党の政策をよく伝えていた。蔡和森が自ら書いたこの文章は、封建軍閥に反対した名文で、影響力が大変大きかった。

文章はまず、中国の引き続く戦乱の根源を分析し、その原因が封建的な旧勢力の継続にあると明確に指摘した。蔡和森は、当時の封建勢力の残党がもはや省の自治を行う事ができず、北洋の正統的な武力もまたそれを解決できない、民主革命の実行のみが唯一の方法で、封建軍閥を打倒するには、革命を持って軍閥の武装解除をすることが必要と考えていた。蔡和森は、他の政治論客よりも高く冷静な視点から人民の偉大な力を認識しており、「我々の望みは偉大な革命群衆の勢力、特に主も革命的な労働者階級の力を統一することだ」と述べている。

# 8. 女性解放運動の先駆者

向警予

向警予《こうけいよ》（一八九五〜一九二八）は中国共産党最初の女性党員の一人で、女性運動の先駆者、リーダー。

一八九五年九月四日、向警予は湖南省溆浦県のとある商人の家に生まれた。子供の頃から『民報』や『新民叢報』などの新聞を読み、国家の興亡に関心を寄せていた。辛亥革命以後長沙周南女校へ転入、新文化運動に身を投じ、袁世凱の帝制復活に反対する運動に加わった。闘争を通して中国革命の前途について深く考えるようになり、社会改造に着手して、民衆を動かしてこそ、中国に希望があると思うに至った。

向警予は言葉づかいが巧みで筆も立った。一九一五年の後半には周南女校で十編の文章を書いた。

いずれも時政を鋭く突くものだった。『新青年』から始まった思想解放運動の流れの中で、向警予は敢えて民主科学を提唱、封建思想の束縛を破る強烈な呼びかけを行った。臨機応変に適切に対応してこそ、「未来の社会を作ることができる」と書いた。

向警予は、自ら創設した女子学校で教育救国の思想を実践、この頃、自身のライフワークを考えはじめる。「私は真の体験をし、真の事業を為したい」と語った。一九一九年、五四運動が北京で始まると、向警予は溆浦へ戻り、同僚教師や学生とデモを行った。一九一九年秋、向警予は毛沢東、蔡和森が組織した新民学会に加入、最も初期の女性会員の一人となった。

一九一九年十一月、向警予は蔡暢と「湖南女子留法勤工倹学会（フランス勤労留学会）」の設立を呼びかけ、その後蔡和森らとともに上海から勤労留学のためフランスへ渡った。留学の間に蔡和森と結婚、革命が結んだ「向蔡同盟」は広く祝福された。フランスで留学生の闘争に何度も参加し、留学生と党の組織化や思想の基礎を固め、中国共産党の結党に貢献した。

帰国後、向警予は『向導』等の雑誌に多くの女性解放運動に関する文章を発表、女性解放運動を大きく展開した。一九二四年、自ら上海シルク工場女工大ストライキや南洋タバコ工場ストライキを指導、女性を組織して五・三〇運動に参加した。また婦女解放協会の設立を提案し組織した。

向警予は女性解放運動思想について一連の文章を書き、運動を組織し指導する刊行物を創設した。彼女は天津で鄧穎超らが主催した『婦女日報』の創刊号に『中国婦女宣伝運動的新紀元』という一文を掲載、「異常な歓喜」の気持ちを持ってこの女性紙を世に問うた。中国共産党結党後、向警予は党の第二回全国代表大会で中央委員、中央第一任婦女部長となり、中国で最も早く、無産階級の女性解放運動を指導し始めた。党中央の女性解放運動に関する多くの決議や文書を起草、また数多くの女性解放運動に関する文章を書いて、『向導』『婦女週報』『婦女日報』『婦女雑誌』『婦

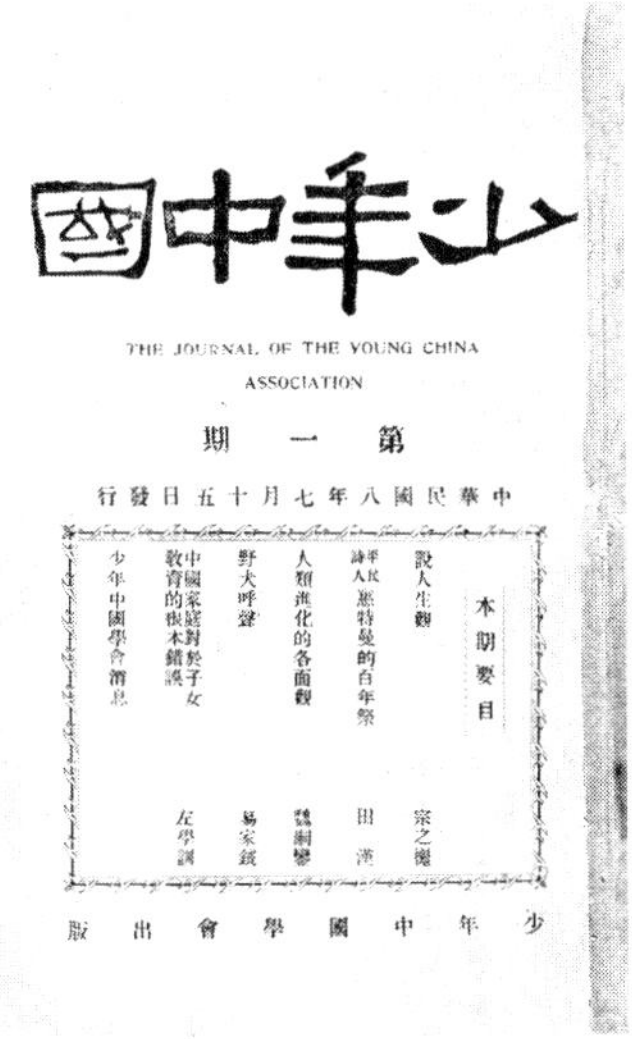
少年中國

THE JOURNAL OF THE YOUNG CHINA ASSOCIATION

第一期

中華民國八年七月十五日發行

本期要目

說人生觀　宗之櫆
平民詩人惠特曼的百年祭　田漢
人類進化的各面觀　魏嗣鑾
野犬呼聲　易家鉞
中國家庭對於子女教育的根本錯誤　左學訓
少年中國學會消息

少年中國學會出版

**『少年中国』**

女年鑑』『前鋒』『覚悟』等の刊行物に掲載、女性解放運動史上に不滅の貢献をした。

一九二五年、向警予はモスクワ東方共産主義者労働大学に学んだ。一九二七年に帰国後、武漢で地下闘争を行なった。党の『長江』の編集を主管し、湖北省委党校『大江報』主筆、湖北省委員会のリーダーを務めた。一九二八年二月叛徒の裏切りで逮捕された。五月一日、女性解放、労働大衆の解放、共産党事業に奮闘したこの模範的女性リーダーは義に殉じた。一九三九年の延安記念三八婦女節大会で、毛沢東は向警予の一生を高く評価した。「大革命時代に犠牲となった模範的女性リーダー、女性共産党員向警予に学ばなくてはならない。彼女は女性の解放、労働大衆の開放、共産主義事業のため生涯奮闘した」と語った。

## 『女性解放与改造的商権』について

『女性解放与改造的商権（女性解放と改造の討議）』は、向警予がフランスで初めて刊行物に書いた政治論評であり、一九二〇年李大釗が編集主幹をしていた雑誌『少年中国』に発表された。この文章の中で、向警予は、女性解放の道を探り、社会主義社会においてのみ女性は真の開放を得ることができると指摘した。向警予は、女性解放の問題に関しては、まず我々がどこへ向かって努力するかという問題を解決する必要がある、と考えていた。「女子を解放し改造しようとするなら、まず教育の平等と経済的独立から着手すべきである。経済的独立が最優先で、それには私有財産制を廃止することである。」

『女性解放与改造的商権』には、向警予がマルクス主義の観点から中国の現実問題を研究しようとし始めたことが見て取れる。女性解放と社会改造を関連づけ、革命と改良を区別した。これは向警予の思想の中で、一つの重要なマイルストーンである。この頃から、刊行物の中でマルクス主義の立場、観点、方法研究と中国女性の問題を宣伝することを行ってきた。また女性解放運動の現状を指導するのに用いた。

向警予は女性解放思想を典型的な「五四式」教育救国と家庭革命から、女性解放とさらに大きな社会革命すなわち民族解放運動、労働革命へと関連づける方向へと変えた。このときには向警予の思想はすでに社会主義に転向していたのである。彼女は狭義の女性主義者ではなく、固い思想を持ち、かつ敏感さを備えた女性指導の革命者だったのだ。

# 9. 読者を愛し、人民に奉仕する

鄒韜奮

鄒韜奮《すうとうふん》（一八九五～一九四四）は江西余江の人、本名は思潤。中国の著名な新聞記者、新聞編集者、政治評論家、出版者。

鄒韜奮の新聞発行事業での功績について、党と国の指導者層は高く評価している。毛沢東は鄒韜奮に対して「人民を愛し、誠心誠意尽くし、献身的に死ぬまで努力した。これはすなわち鄒韜奮先生の精神であり、人を感動させるところである」と題詞した。呉玉章は、「近代中国の文化界において、もっとも成果を残し、もっとも創造的といえば鄒韜奮同志である」と言った。周恩来は彼の成長の過程から始め、その奮闘の過程を「鄒韜奮同志の歩んだ道は、中国の革命分子が進歩する道、革命へと至る道である」と肯定している。周恩来と同様の見方をするのは宋慶齢と史良である。宋慶齢は鄒韜奮を高く評価して、「彼の闘争の歴史は、革命知識分子が歩いた道のもっとも輝かしい模範である」と言っている。史良は、褒め称えて、「韜奮は愛国知識分子であり、忍耐強い努力により、ついには無産階級革命の道へと歩み、しかも無産階級の先鋒隊の一員となった」と語った。「彼の闘いの一生は中国の知識分子が光を求め真理を追った、全ての道程である。」

鄒韜奮の時代は、社会が大きく揺らいだ時期である。青少年の頃には伝統的な家塾に学び、西洋式の教育も受けたが、国も家も大変な時期に憂慮の思いをはぐくんだ。最初、ジャーナリストの黄遠生と梁啓超に心酔したことは、ある意味で彼が新聞記者を一生の仕事として志した理由である。また一方で、民衆の代弁をしたいとの切実な願いを表明している。

一九二六年十月、鄒韜奮は、正式に創刊して一年になろうとする週刊誌「生活」の編集者となった。これが勇壮な新聞記者生涯の始まりだった。文才もあり、ニュース感覚にも優れていたが、発行を始めたばかりの頃はもちろん悩みもあった。しかし彼が最も心を悩ませたのは、いかなる道を歩むかということだった。

鄒韜奮は、五四運動を目の当たりにしたが、参加することはなかった。学業に没頭し、「優行生（学業と品行に優れた学生）」となろうとした。一九二〇年代、風雲急を告げる革命の時代にも、鄒韜奮はその身を埒外においているかのように、「生活週刊」で「興味化」を主張した。特に一九二七年大革命が失敗した後にも、当時の大多数の知識分子同様、まだ国民党に幻想を抱いていた。

一九三一年九一八事変（満州事変）の後、鄒韜奮の思想は急激に変化、革命に向かうことになり、民主主義者から共産主義者へと転向した。まず、『生活』の発刊の主旨を変え、誌上に多くの抗日に関するニュースを載せて、国民党の無抵抗政策に断固として反対した。また、時節に合わせて『大衆生活』週刊を発刊、「民族解放、大衆開放の前途にいくばくかの貢献をする」を創刊の主旨とした。民衆の声を積極的に反映、愛国運動を後押しして読者から好評

促進民族解放　推廣大众文化

生活星期刊

第一卷　第二十號　民國二十五年八月二十三日出版

分頭努力

『生活星期刊』

を得た。当時の中国の定期刊行物誌上、二十万部を超えるという記録を打ち立てた。

一九四四年七月、鄒韜奮は上海で病死する。その際、中国共産党への入党を遺嘱し、すぐに延安の中共中央から党員として認められた。これは鄒韜奮が長い間に渡って歩んできた、苦悩に満ちた思想立場の転換の道への、円満かつ肯定的な終止符となった。

## 『世界新聞事業的一個中心』について

一九三三年の年初、鄒韜奮は中国民権保障同盟に加入、民衆の自由と権利のために民主運動に加わった。鄒韜奮の愛国民主主義の言動は、国民党当局に敵視された。一九三三年六月、楊杏佛が国民党藍衣社特務に暗殺され、鄒韜奮も、ブラックリストに挙げられた。七月、やむを得ず一回目の逃亡生活をはじめた。その間欧米各国を見てまわり、道中に見聞したことを記した。『世界新聞事業的一個中心』は、鄒韜奮が逃亡生活中にロンドンの新聞業界について考察したもので、文中ロンドンの新聞業界の様子や言論から機械的な設備に関することまで紹介し、フランスの新聞業界と比較研究も行っている。二年間海外で実際に目にし、学んだことで彼の思想は大きく進歩した。資本主義と社会主義について比較研究し、次第に見方や考え方がマルクス主義に傾いていくのであった。

## 『紙上自由』について

『紙上自由』は、鄒韜奮が海外逃亡中に、イギリスとフランスの民主政治と報道の自由について書いたものである。英仏を例にとり、どんな主義の新聞でも、何を言っても、まず罪に問われない状況について紹介し、しかし同時に、自由という表面的な現象に惑わされることなく、冷静な判断力で、資本主義制度におけるいわゆる報道の自由、言論の自由とは紙上の自由、口先での自由にすぎず、行動するには鉄の壁が立ちはだかっており、一線を越えることはできないと認識していた。

# 10. 共産党の新聞出版者

胡愈之

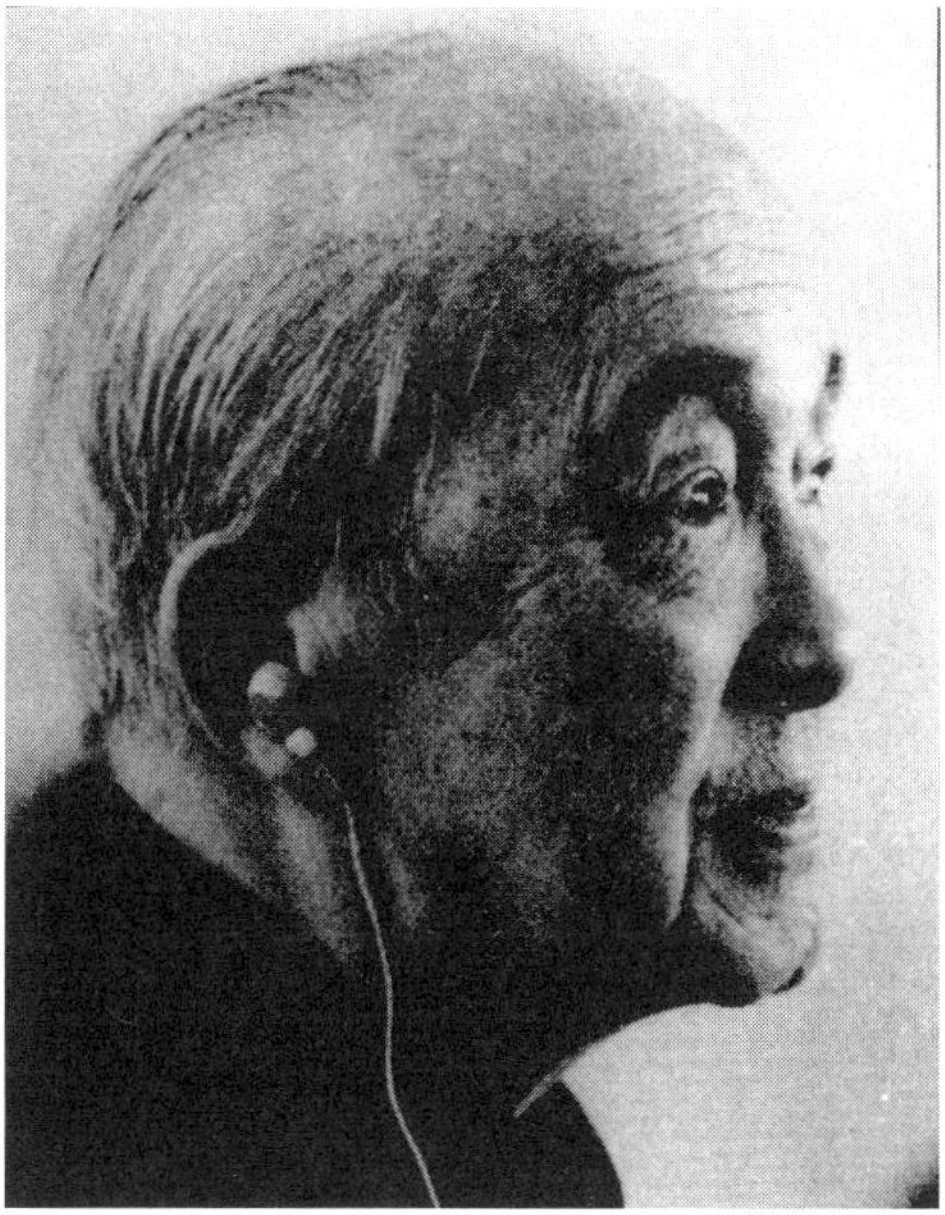

胡愈之《こゆし》（一八九六～一九八六）、本名は胡学愚、浙江上虞の人。その一生で、記者、編集者、作家、翻訳家、出版人と一人で様々なことを行った。学識が深く、新聞界では数少ない「オールマイティ」だった。

一九一四年胡愈之は商務印書館に入る。新文化運動のあいだ、『時事新報』などに多くの白話文（口語体文）を発表、商務印書館でもっとも知られた編集者となった。『東方雑誌』『小説月報』などの刊行物に、民主科学と文学革命を宣伝する文章を発表した。一九二〇年、胡愈之は弟と『上虞声』を創設した。

一九二五年の五・三〇運動では、胡愈之は世論をリードした『公理日報』の創設、刊行に加わった。『東方雑誌　五卅事件臨時増刊』を主編し、自らの記事『五卅事件紀実』を掲載した。この文章は五・三〇運動に関する重要な文献となった。一九二六年胡愈之は葉聖陶らとともに、『新女性』を出版し、開明書店を開設した。一九二七年四一二政変(1)を目の当たりにした胡愈之は、抗議文を発表、国民党反動派から目をつけられて、フランスへ逃亡を余儀なくされる。三年間にわたり『東方雑誌』に国際ニュースや評論を発表、その数一七万字余りにのぼった。一九三一年、帰国前にモスクワを訪問、『莫斯科《モスクワ》印象記』を書いた。十月革命以降我が国にソ連の状況を伝える、影響のある著作の一つとなった。

一九三二年、胡愈之は鄒韜奮の週刊誌『生活』の編集を手伝い、内容を革命に関するものに変えていき、国際問題を分析した文章を掲載した。また、フランスの通信社ハバス社で翻訳の仕事に従事した。また同じ年、『東方雑誌』の編集長となった。

一九三三年から一九三五年、生活書店は『文学』『新生』など九種の刊行物の発行を始めた。胡愈之は企画や組織の中心であった。胡愈之はまた、鄒韜奮を助けて香港で『生活日報』を創刊し、主筆となった。『生活日報』は抗日の重要な世論の中心となった。

一九三七年、胡愈之は中国で初の大型総合雑誌『月報』を創設した。抗日戦争が始まった後は、上海文化救亡協会の常務理事及び宣伝部副部長となり、国際宣伝委員会を成立させ、中国の抗日戦争について対外的に宣伝した。

上海が陥落した後、『集納』『訳報』などの出版を企画、「復社」を創設し、初の翻訳出版『西行漫記』を刊行、また魯迅全集を初めて出版した。

国民党軍事委員会政治部三庁五処の所長の職にある間、胡愈之は、中国青年新聞記者学会と国際新聞社の設立を取り仕切った。一九三九年、桂林へ行き、『国民公論』を主編し、文化供応社の出版業務を指導した。

一九四〇年の終わりには、胡愈之はシンガポールに赴き、陳嘉庚を助けて『南洋商報』の編集主任となった。これ

『東方雑誌』

は、東南アジアの華僑とともに日本に抵抗する有力な手段となった。太平洋戦争の勃発後、胡愈之は星洲華僑文化界戦時工作団を設立、郁達夫らとともに抗日宣伝を展開した。一九四五年日本の敗戦後、胡愈之はシンガポールで南洋出版社を設立、週刊『風下』を発行した。一九四六年には『南僑日報』を創刊、社長となった。

一九四九年胡愈之は北平文化接管委員会の委員となり、新聞出版部門で接収管理の仕事に当たった。中国民主同盟(2)機関誌の『光明日報』と新華書店の総編集長となり、『新華月報』を設立し、発刊の辞を書いた。また、中央人民政府文教委員、出版総署第一任署長の職に就き、中国の社会主義における新たな出版機構の設立と革命書、知識的読み物の刊行に独創的な働きをした。また海外向け中国語新聞等を発行する中国新聞社の設立を

（1）一九二七年四月一二日に上海で起きた反革命クーデター。
（2）一九四一年「中国民主政団同盟」として発足、四四年改称。民主政治の実行を主張した。新中国成立後は愛国民主党派として活動。略称は「民盟」。

進め、開明書店と青年出版社を合併した通俗読物出版社を設立して『知識叢書』を出版、年刊『東方紅』の編集作業を指導した。一九八六年一月十六日、病により北京で没す。

## 『五卅事件紀実』について

『五卅事件紀実』は、一九二五年六月三十日『東方雑誌』の『五卅事件臨時増刊』に発表された。胡愈之が五・三〇運動の中で、自身が目撃したことを長編ルポルタージュにしたものである。十四の部分にわかれ、三万字あまり、この歴史的事件の一部始終を記録したもので、当時、大きな反響を呼んだ。

『大道之行――胡愈之伝』の著者、陳栄力は以下のように指摘している。「この文はまず、五・三〇運動の全体像を忠実に報道することにより、世間の誤解を正し、国内ばかりでなく、国際社会の五・三〇運動に対する正しい認識を広めた。また、歴史と現実、国内と国外の二つの角度から、五・三〇運動の原因と意義を深く分析し、帝国主義の圧力に抵抗し民族独立を勝ち取るため、世論をリードした。『五卅事件紀実』は新聞及びルポルタージュの鑑である」

## 『莫斯科印象記』について

一九三一年一月二十七日から二月三日、胡愈之は世界初の社会主義国家、ソビエト連邦を訪問し、六万字あまり、四一章からなる『莫斯科印象記』を雑誌『社会與教育』に連載した。

当時の国民党政府はソ連と外交関係がなく、国内外ではソ連に関して報道規制がかかっており、中国の読者はソ連に対しての知識はほとんどなかった。一九二〇年、瞿秋白、兪頌華らが『晨報』の派遣でソ連を取材してから十年、中国の記者が実際にソ連の状況を実地に報道することはほとんどなかった。その頃、中国共産党はソ連を師とし、政権組織をソビエトと称した。中国の前途はどうなるのか、人々はソ連の状況を理解する必要があった。胡愈之のレポートはこの空白を埋めることとなった。

# 11. 中国人民の優秀な子

瞿秋白

ソ連の学者シェヴィリョーフは瞿秋白《くしゅうはく》（一八九九〜一九三五）の伝記を執筆する際、『中国人民的優秀児子（中国人民の優秀な子）』をタイトルとしている。祖国と人民を深く愛した青年として、瞿秋白はその名に恥じない。彼は中国に生まれ中国で育ち、苦難に満ちた経歴によって幼いときから遠大な理想を持つにいたった。自己のすべての情熱と力を注ぎ、中華民族の解放と人民の幸福に終生奮闘した。一八九九年一月二十九日、瞿秋白は、江蘇省常州府の没落しかかった昔からの読書人の家に生まれた。幼少時から体が弱かったが、勉学には非常に熱心だった。小学校を卒業する前、常州府中学堂に合格した。当時の中国は腐敗し暗黒のなかだった。「空は暗く、空気はよどんでいる」「少しの日の光も見えない」内憂外患の時代は、瞿秋白に民族を憂慮する強烈な意識をもたらし

た。貧しさに母親は自殺、家は没落、加えて中学校長、屠元博（中国同盟会会員）が革命思想を伝えたため、少年の頃から祖国の救済と振興のために奮闘するという気持ちを抱いていた。

瞿秋白の政治人生は、一九一九年の五四運動に参加したときに始まった。「外では国の権利のための闘争を、内では国賊を懲す」という愛国学生運動が始まると、瞿秋白は学生の代表として「ロシア専攻」の学生仲間とともに軍閥と帝国主義に対してデモ行進を行い、曹汝霖の屋敷の焼き討ち（火焼趙家楼）にも参加した。七月十七日北京『晨報』にはじめて『不簽字後之辦法（署名をしない場合の手段）』を発表した。文中、簡潔な言葉で政府、国民、学生それぞれが、すぐに行うべきことや守るべき信条を提議した。同年十一月、鄭振鐸らと『新社会』旬刊を創設、労働者問題を論じ、「社会改造事業に力を尽くす」を旨とした。また、鮮明に政治的傾向を表現した文章を掲載した。社会主義が網戸から朝霧をみるような、はっきりしない状況に、瞿秋白は徹底的な変革のため、ソ連へ行って実際に見聞する決意を固める。一九二〇年十月、北京『晨報』と上海『時事新報』の特派員としてソ連を訪問、『餓郷紀程』、『赤都心史』など数十篇のモスクワ通信を書き、十月革命後のロシアの状況を初めて中国人民に紹介、十月革命は二十世紀の歴史的事業の第一歩で、モスクワは世界中の無産階級の「心の灯台」であると訴えた。

一九二三年一月、瞿秋白は困難の真っ只中にある祖国へ帰り、中共中央機関刊行物『新青年』と『前鋒』の編集主幹となり、また中共中央機関報『向導』の編集も担当した。一九二五年、五・三〇運動の際に中国共産党の初めての日刊新聞『熱血日報』を主編した。この時期が瞿秋白が報道に関して最も活躍した時期であり、新聞事業で最も輝かしい成果のあった時機だった。発表した翻訳は百二十余り、『赤潮曲』と彼が初めて翻訳した『インターナショナル』の歌詞は、この時期発刊された『新青年』創刊号に掲載された。一九三四年一月四日、瞿秋白は、中国第二次革命戦争期の革命根拠地ソビエト区の瑞金で『紅色中華』報社社長兼編集長となった。一九三五年二月、福建省長汀県で国

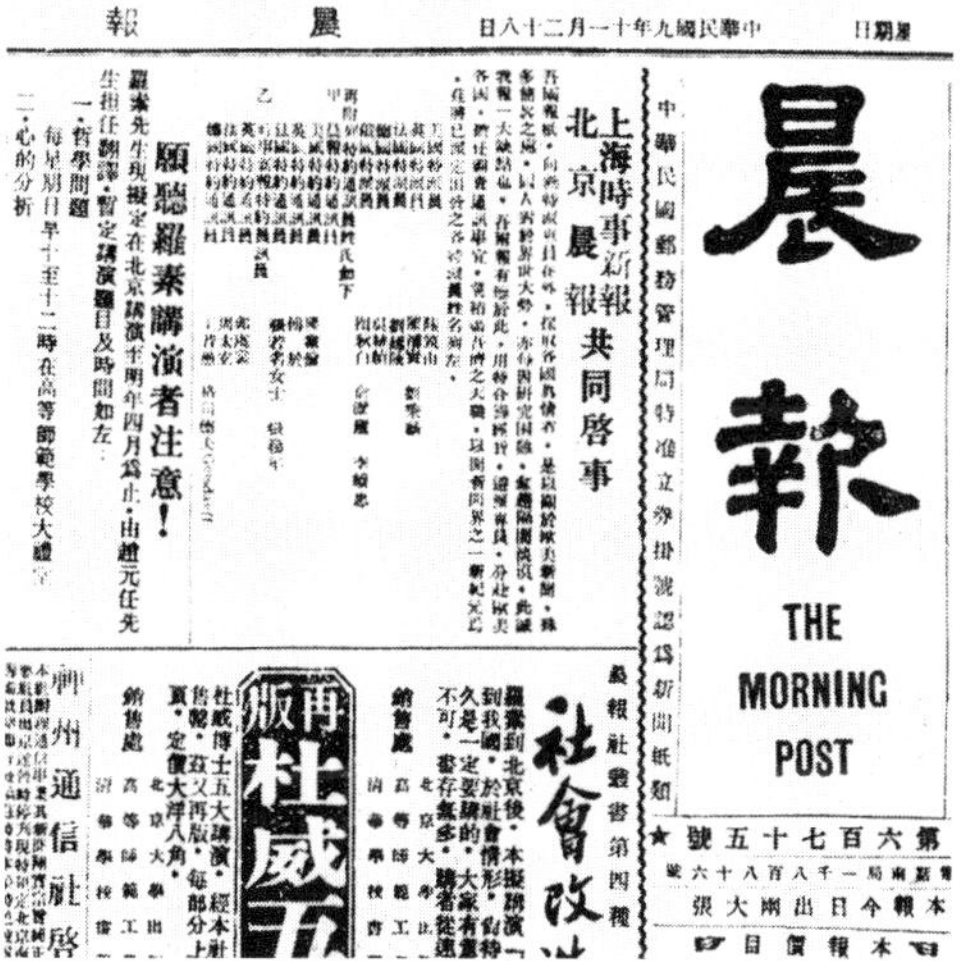
星期日　中華民國九年十一月二十八日　晨　報

晨報

THE MORNING POST

中華民國郵務管理局特准立券掛號認爲新聞紙類

第六百七十五號

本報今日出兩大張

上海時事新報
北京晨報　共同啓事

願聽羅素講演者注意！

羅素先生現擬定在北京講演至明年四月爲止・由趙元任先生担任翻譯・暫定講演題目及時間如左：

一・哲學問題

二・心的分析

晨報社叢書第四種

社會改造

再版　杜威五大講演

神州通信社啓

『晨報』

民党軍に捕らえられ、同年六月十八日犠牲となった。三十六歳の若さだった。一九五〇年十二月三十一日、毛沢東は『瞿秋白文集』の序に寄せて、「革命の困難な年月に英雄的立場を保ち続け、死刑執行人の手にかかろうとも、屈服しなかった。彼のこの人民のために仕事をする精神、この不屈の意志と文字の中に残した思想は永遠に生き続ける」と褒め称えた。

## 『餓郷紀程』について

ロシアは初の社会革命国家であり、東西文化の接点でもある。赤い光の鮮明な所であり、死すとも行かねばならぬ。」瞿秋白は固い信念を持って、一九二〇年十月十六日北京を出発、ソビエト視察の旅を始めた。『餓郷紀程』はソ連の社会を視察した後書かれたもので、人を引きつける文章でロシアで見聞したイメージと真実を報道し、同時に自己の思想感情、心のたどった紆余曲折も描写して、作者の気持ちとソ連の現実がぶつかり合った、魂の告白となっている。

『餓郷紀程』『赤都心史』は中国現代散文の傑作と広く認めら

れており、この二つは独立しているが、互いに呼応している。形式上は随想録的な散文であるが、伝統的紀行文型のルポルタージュともなっている。旅の行程が心の軌跡と交錯して、非常に詩的な散文の中に、崇高な思い、澄んだ好奇心，深い哲理が目の前にあるかのようにいきいきと描かれており、五四運動以降の散文のモデルとなっている。

# 12. 新聞の真の意義を追い求めた先駆者

張友漁

張《ちょう》　友漁《ゆうぎょ》（一八九九～一九九二）は中国の著名な法学者、新聞学者、政治学者である。本名は張象鼎、字は友彝で、憂疑、憂虞、友漁などのペンネームを使った。生涯でおよそ一千万字のニュース、レポート、エッセーや社説を書いた。『国民晩報』の社長兼総編集長、『世界日報』主筆、『時事新報』及び香港『華商報』総主筆、『新華日報』代理総編集長、社長を歴任し、『新聞之理論與現象』『報人生涯三十年』など影響力のある著作がある。

一八九九年一月、張友漁は山西省霊石県の旧知識分子の家庭に生まれた。幼い頃から父について私塾に学び、また英語、数学を独学で学んだ。政治、時事や報道に強い興味を持ち、十九歳で初めて文章を発表した。そこから報道事業に関わっていくことになる。

一九二三年張友漁は北京国立政法大学に入

学、この間山西『并州新報』北京駐在記者となり、同時に『東方時報』『世界日報』及び『世界晩報』の特約記者にもなった。一九二七年蒋介石が上海クーデターを起こした際、中国共産党に入党した。二人の友人とともに、国民党の『国民晩報』を買収、社長兼総編集長となった。非常に厳しい環境のもと、共産主義思想を宣伝したため、監獄送りになった。一九三一年の九一八事変（満州事変）のあと、張友漁は中国共産党北平史委員会特科や華北連絡局で働いた。長年にわたって『世界日報』の主筆を務め、北平の多くの大学で教えた。一九三七年七七事変（盧溝橋事件）の後、『時事新報』及び香港『華商報』総主筆、中国人民救国会のリーダー的メンバー、また救国会重慶生活書店の総編集長となった。第三次国内革命戦争の時機には『新華日報』の代理総編集長、社長となった。

張友漁は、中国で初めて、ニュース報道をマルクス主義の観点から系統立って研究した新聞学者である。『報道は階級闘争のツールである』という、彼の最も有名な見方は広く知られている。新聞統制、刊行による世論など、新聞学の基本的な問題を研究し、多くの重要な文章を書いて、中国の新聞思想体系を発展させた。

新中国が成立した後、張友漁は三十年に渡る報道人としての生活にピリオドをうって、行政、立法活動などに従事、北京、天津の副市長、中国政法学会副会長、中国法学会会長、中国政治学会会長などの職を歴任した。

張友漁は新聞事業に終始情熱を傾け、社会が新聞立法に関心を持つよう呼びかけた。常に「人は私を法学者と呼ぶが、私に言わせれば新聞記者だ」と言っていた。八、九十歳の高齢になっても、依然として毎日十時間働き、筆を止めることがなかった。

一九九二年二月二十六日、北京で亡くなる。享年九十四歳。

## 『新聞的性質和任務』について

新華日報

『新華日報』（太行版）

「新聞は階級闘争の道具である」というのが、張友漁のニュースに対する最も有名な観点である。『新聞的性質和任務（新聞の性質及び任務）』は、民国学院新聞学会が発行した『民国新聞』に、初めてこの見方から発表された。張友漁はその後『世界日報』の『新聞学週刊』に続けて『由消息的真偽談到天津「益世報」的失敗（情報の真偽から天津「益世報」の失敗を談ず）』『論統制新聞（新聞統制を論ず）』などの文を発表した。「階級闘争の道具」という観点にさらに詳しい説明を加えた。

張友漁は、いかなる新聞の背後にも、ある勢力の支持があると主張した。各反動勢力が新聞を利用して自己を取り繕おうとしている事実を示して、資産階級の新聞の虚偽を指摘し、中国初期のマルクス主義新聞学の成立に貢献した。これは中国新聞学界で初めてのことで、共産党の先進思想と無産階級革命勝利を宣伝するのに、一定の働きをした。

しかし、この観点にはある限界があり、部分的な事実をもってすべての新聞を階級闘争の道具とするのは、後の極左新聞思想の原点の一つともなった。

# 13. 筆鋒鋭い闘士

夏衍

夏衍《かえん》（一九〇〇～一九九五）、本名は沈乃熙、字は端先。浙江省杭県（現在の杭州）の人。代々読書人の家柄だったが、父の沈学詩の代に没落する。

一九一九年、五四運動が始まると、夏衍は革命に身を投じ、浙江省で初の社会主義刊行物『双十』（のちに『浙江新潮』と改名）の編集に携わる。この頃の夏衍は急進的でなんでも受け入れた。これは、当時マルクス主義に触れたばかりの進歩的青年が新たな思想を追い求めるときに見せた、共通の特徴でもある。

一九二〇年秋から一九二七年の春まで、夏衍は日本に留学、日本明治専門学校（現在の九州工業大学）、そして九州帝国大学で働きながら学んだ。この時期にマルクス・レーニン主義の著作を大量に読み、日本の進歩的学生の組織に加わった。工業化により国を救うという考えについては、懐疑的になり、動揺し、最後には捨て去るに至った。

一九二七年、四一二政変（上海クーデター）の後、夏衍は帰国を余儀なくされる。同年六月に中国共産党に入党する。「一つの文章も書いたことのない非文学系」から、文芸界へ入っていった。一九二九年、ゴーリキーの『母』を翻訳、出版した。これは、当時の進歩的青年の間に広く流行した。同じ年の九月、鄭伯奇、馮乃超、銭杏邨らと上海芸術劇社を組織し、中国話劇運動史上初めて、『プロレタリアート演劇』という無産階級演劇の呼び名を打ち出した。

一九三〇年三月二日、中国左翼作家連盟が上海で設立を宣言すると、夏衍は推薦により執行委員となった。一九三二年、一二八事変（第一次上海クーデター）の後、夏衍は中国共産党映画班を立ち上げ、映画批評や脚本、新人の発掘などにあたった。一九三三年三月、彼の初めての映画作品である『狂流』が上演され、上海を驚かせた。この後また、茅盾の有名な短編『春蚕』を改編し、中国新文芸作品を銀幕上に映す初の成功例となった。一九三五年には話劇の創作を開始、『賽金花』『自由魂』及び『上海屋檐下（上海の屋根の下）』などの著名な作品は、この時期に創作されたものである。一九三六年、中国ルポルタージュの模範となる作品、『包身工』を書き、大きな反響を引き起こした。

抗日戦争が開始してから全国解放まで、夏衍は十二年間報道の仕事に携わった。一九三七年八月から一九四一年三月まで、上海、広州、桂林などで『救亡日報』を編集発行し、総編集長となった。一九四一年、皖南《かんなん》事件の後、夏衍は香港に行き、鄒韜奮、範長江らと『華商報』を創刊した。太平洋戦争が起こってからは、また重慶に移って『新華日報』に入った。抗日戦争に勝利すると、上海で『救亡日報』（建国日報と改名）を復活させたが、すぐに国民党により発禁とされた。またシンガポールに移って、胡愈之主宰の『南僑日報』に入った。半年の後、再び香港に戻って『華商報』の仕事に従事していたが、異動の命令で香港を離れた。夏衍は「この十二年間は、私の生涯で最も忘れられない十二年である。また私の仕事中で最も楽しい十二年間だったとも言える」と語っている。彼の文章は全て、

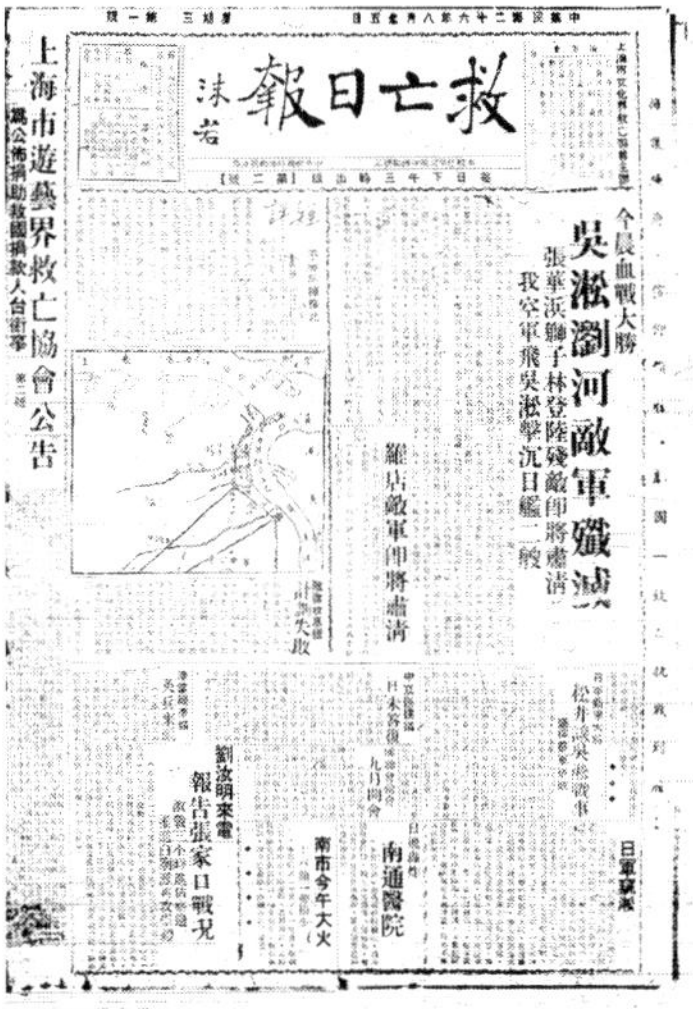

救亡日報

沫若

今晨血戰大勝
呉淞劉河敵軍殲滅
張華浜獅子林登陸殘敵即將肅清
我空軍飛呉淞擊沉日艦一艘

羅店敵軍即將肅清

上海市遊藝界救亡協會公告

劉汝明來電
報告張家口戰況

南市今午大火

南通醫院

『救亡日報』

時代の精神を反映し、革命闘争の必要性を把握、表現したものであった。

新中国が成立した後、夏衍はまず上海で文化事業を指導し、のちに文化部副部長に任命された。そこで映画や外交の仕事に従事した。また、みずから『祝福』『林家舗了』『烈火中永生』などの映画シナリオを改編し、映画制作に従事する者に模範を示した。

夏衍の一生は、時代の烙印がしっかり押されたものだった。この二十世紀と歩みを同じくした革命家、芸術家は生涯、熱い闘争から抜けることはなかった。驚くべき闘志を持って、筆を止めることなく、人民に深い関心を寄せ、後代に貴重な時代を映す鏡を残した。そして中華民族の文化の宝にまばゆいばかりの芸術の輝きを添えたのだ。

## 『包身工』について

夏衍の『包身工』は、一九三五年に書かれ、一九三六年春、『光明』創刊号に発表され、大きな反響を呼んだ。執筆時期は、まさしく日本の帝国主義が中国侵略を拡大しようとしていたときだった。包身工制度は、当時の資本主義的搾取と、半封建、半植民地的社会の奴隷制的搾取の結合した制度である。この作品には、この二つの搾取制度が中国人民を抑圧するという、複雑な社会政治問題が描かれている。夏衍は、単純な道理ではなく、芸術性のある表現手法でテーマを描いている。例えば拿莫温と東洋婆の労働者に対する皮肉は、実際に帝国主義者とその追従者が互いに結託しているという含みがある。しかし、ただ労働者の悲惨な運命を描くというだけでなく、「紡錘の上でうめく罪なくして死んだ魂」の強い力は、人に深く考えさせるものだ。夏衍本人は『包身工余話』の終わりに、「彼女たちのかよわい、しかし苦難をいとわない努力は、よどんだ水のような社会にどんな波紋を呼んだか、私にはわからない。しかしそのよどんだ水の中にも、生き物はいる。しかも動いていくはずだ、いや、すでに動き始めているのだ。」と書いている。

# 14・職に殉じた軍事報道の奇才

羊棗

「新聞界の巨頭、国際情勢の専門家、その才能は海内の地を驚かす。えん罪で縄につき、獄中で命を落とす、悲惨なことこの上ない」これは、一九四六年五月一九日羊棗の追悼会で陸定一が贈った対聯である。対聯はこの新聞奇才と呼ばれ、軍事評論家でもあった羊棗の、四十六年という短く、壮烈な一生を表している。

羊棗《ようそう》（一九〇〇～一九四六）、本名は楊潮、元の名は楊廉政、号は九寰、ペンネームとして「朝水」「洋潮」などを使い、後期には「羊棗」の名で執筆した。一九〇〇年五月八日、羊棗は湖北省沔陽《べんよう》県、（現在の仙桃市）の、封建的な大家庭で生まれた。一九一四年北京精華学校に入学、五四運動に参加したことで過激分子として退学処分となった。その後、唐山工業専科学校へ入学した。一九三三年、羊棗は六番目の妹、楊剛の導きで、中国左翼作家聯盟に加入、その半年後には中国共産党に加入した。

「左聯」が解散した後、羊棗はタス通信社の上海分社で仕事を始めた。外国通信社のために通信を翻訳することからはじめ、徐々に国際時事に関する独自の視点を養い、国際問題の専門家として新聞界に入っていった。

一九三七年十一月十二日、上海が陥落した後、羊棗は上海にとどまり、『導報』『訳報』『訳報週刊』『神州日報』などの抗戦派新聞に国際時事や軍事評論を書き、世界に向けて中国の抗戦を宣伝した。

一九三九年末、羊棗は上海から香港に移った。『星島日報』はすぐに羊棗を従軍記者として採用し、社説や軍事評論を書かせた。この頃から羊棗と言うペンネームを使い始め、その名は内外に広まった。一九四一年一月、『星島日報』は周恩来の題辞と四言詩を掲載したことにより、羊棗らを罷免せざるを得なくなった。一九四一年九月十八日羊棗と薩空了、兪頌華らは『光明報』を創刊した。一九四一年十二月太平洋戦争が始まり、香港が陥落すると、創刊して二か月余りの『光明報』を停刊せざるを得なかった。羊棗は香港から桂林に到着、桂林で三カ月間こもりきりで、太平洋戦争について述べた『論太平洋大戦』と『太平洋暴風雨』を書いた。この二冊は出版されると湘桂の多くの読者を引きつけたばかりでなく、湖南省衡陽の『大剛報』が関心をもち、好待遇で総編集長となった。

一九四四年初夏、羊棗は衡陽を離れて、福建省永安に移り、『国際時事研究』週刊を創刊した。その後、民営の『民主報』主筆及び駐中アメリカ大使館の新聞処東南分処の中文部主任となった。

一九四五年七月、抗戦勝利を目前に、国民党第三戦区の特務は福建省で進歩的文化人を大量に逮捕した。羊棗の名前もブラックリストの中に入っていた。一九四五年七月、国民党福建省政府からアメリカ新聞処に来た人が慌ただしく「羊先生に二、三日来てもらいたい。聞きたいことが終わればすぐ帰れる」と言った。しかし羊棗が再び戻ることはなかった。一九四六年一月十一日、獄中で病死した。享年四十六歳。

神州日報
THE NATIONAL HERALD, SHANGHAI.
本報價目表
本報告白刊例
重刊大板陽明先生集要三編
江蘇裕蘇官銀錢局廣告
上海新聞　蘇存德堂藥舖
清華實業公司廣告
南海張尚書三洲日記出版廣告

『神州日報』

「本当に死にたくない。やらねばならぬ仕事がたくさんある。今は、あなたが強く生き抜いてほしい、六妹（楊剛）がいっそう励んで中国の学術文化に尽力してほしいと願うことしかできない」というのが、夫人の沈強に残した遺言である。

## 『現階段学生運動的検討』について

羊棗の評論は、流暢で視野が広いが、冗長なところはまったくない。『現階段学生運動的検討（現段階での学生運動の検討）』という記事は、記者生活の初期の代表作である。友人と語り合う口調で始まった文章は最後まで平易な文体で、自然に大きな説得力のあるものになっている。詳細で確かな事実を論拠に、ニュース性の高い文章となっている。

羊棗の文は論理展開が綿密で、この文章では問題の状況から分析、解決方法までをきちんと積み重ねて、最後に到達した結論は納得のいくものである。一九三六年二月に発表されたこの文章中に、「抗日民族統一戦線」の原型を容易に見いだすことができ、筆者の予見性の高さが現れている。この、先の見通しの良さは、筆者の広い知識と、深い分析、高所からものを見る意識によるものである。

# 15．教師から戦地記者へ

曹聚仁

曹聚仁《そうじゅじん》（一九〇〇～一九七二）、字は挺岫、浙江省浦江県蒋畈村（現在の蘭渓市梅江鎮）に生まれる。早くから父の曹夢岐の学校で学び、一九二一年浙江省の第一師範を卒業した後、上海へ赴き、愛国女子中学で教えた。同時に新聞業界で文章を書き始めた。また、救国会などの政治団体を組織した。

一九三九年十月、曹聚仁は、謝晋元五二四団の八百壮士[1]が、駐在する四行倉庫を守りきる一部始終を目撃した。これをすぐさま報道し、気落ちする人々を慰め奮い立たせた。これは曹聚仁が戦地記者として初めて書いた重要なニュースだった。

さらに、曹聚仁の台児庄大捷[2]（台児荘の大勝利）に関する報道は人々から賞賛された。当時曹聚仁は『大公報』記者の范長江と軍の一次情

（1）四行倉庫の戦い。第二次上海事変における最後の戦闘。この四行倉庫の守備隊は中国では「八百壮士」として知られている。

（2）台児荘の戦い。日中戦争中の一九三八年三月から四月七日までの間、山東省最南部の台児荘付近で行われた戦闘。

報を共有していた。かれは何度も前線へ電話し、戦況を把握した。その後軍の車で徐州を実際に訪問し、右翼の湯恩伯軍団から情報を得、敵軍が撤退しきれずに囲まれていることの確証を得て、即座に詳しい戦況を書き上げ中央社総社へ送った。「これが一九三八年四月七日、全国そして海外にまで反響を呼んだ台児荘の大勝利のニュースです」と曹聚仁の夫人鄧珂雲がのちに回想している。

一九四一年、曹聚仁は蔣経国の求めで、贛南《かんなん》で『正気日報』の社長兼編集者となった。

曹聚仁は、報道と歴史記述を融合させるため、抗日戦争史を書くことに力を入れた。この他に、報道理論に対しても見識が深く、三年の戦地記者の経験を選集『大江南線』にまとめた。中日戦争史については、一九三九年から一九四二年の戦時通信を編集した。その前書きで曹聚仁は「報道という筆は、社会の道具であることをしかと認識して、自分を語ることのないようつとめなくてはならない」と報道の客観性を説いた。また、本文中ではいわゆる「新聞文芸論」を提議した。実際にはルポルタージュを指すものだが、これは純文学ではなく歴史記述であるとして、文学性が報道性を薄めてはならないと書いている。さらに、この種の形式は、クローズアップ記事とは違う、というのも「クローズアップは、筆者が事件を扱うテクニックだからである」とも書いている。

一九四五年、曹聚仁は『前線週報』を主編、抗日戦争勝利後には上海へ戻り、引き続き『前線週報』を編集する一方、香港『星島日報』の上海駐在特約記者も兼ねた。この後、曹聚仁はしだいに報道の第一線を退き、上海の多くの大学で教鞭を振るった。また、蔣経国との厚誼から台湾へと渡った。一九五〇年代には香港に在住、後にマカオに移った。その間に『新生年代』、『熱風』『循環日報』などを創刊した。数度にわたって大陸に戻り、毛沢東、周恩来、陳毅と面会した。

一九七二年、七月二十三日、曹聚仁はマカオで病没、周恩来の『葉落帰根』の指示のもと、その遺灰は南京の雨花

『学生日報』

台望江磯へ葬られた。周恩来は自ら『愛国人士曹聚仁先生之墓』と碑文をしたためている。

## 『八月二十四日宜春通訊』について

『八月二十四日宜春通訊』は、曹聚仁の最も重要な報道作品というわけではない。しかし、三年の戦地記者生活のなかで最も多用されたある種のスタイル、すなわち戦局解説報道である。このとき上海が陥落、曹聚仁は軍について撤退し、軍の中に多くの人脈を築いた。

　この種のスタイルが存在するのは、必要性があるためだ。軍の実際の状況を元として、今後の情勢に対する曹聚仁の観点を織り交ぜており、純粋なニュースでもなく、また軍事評論とも違っている。抗戦が続いている段階では、軍事活動は秘密にする必要があり、すぐさま報道できないという状況の下で、いかに正確にまとめ、銃後に向けて報道するかが重要になる。

　この文章は、短く簡潔に記されている中に、記者が戦地での情勢を十分に把握していることが現れている。曹聚仁の筆は、地理、軍や戦略の状況を明確にし、現在の作戦の趨勢やそれまでの戦況との関係を短い言葉で表しており、記者が情報を把握し記述する力が優れていることが見て取れる。

## 『一個政治新人』について

曹聚仁は新聞文学あるいはルポルタージュに熱をいれていた。そのうち最も重要な作品の一つが、『蒋経国論』である。これは中国で最も早期に属する蒋経国の伝記である。

今日的な観点でいうと、これは人物ルポルタージュといえる。報道対象の細かな描写に始まり、時代背景を織り交ぜ、記者が独占取材した言葉が大幅に直接引用されてる。違いは、記者の影が色濃く見られることで、記者が練り上げた質問があり、また独自の解釈も見られる。

政治家は人それぞれで、報道にあたって重要なのは、その独自の業績であり、各種の評論ではない。文章中の細かな情景描写は真実を表し、蒋経国が初めて政治の舞台へ踊り出た鮮やかなイメージを描いている。その中には蒋経国の中国共産党に対する評論があり、曹聚仁が全面的に引用しているが、重ねて尋ねたいものだ。

# 16. 毛沢東の公式写真を初めて撮影したカメラマン

鄭景康

鄭景康《ていけいこう》（一九〇四～一九七八）、本名は鄭潤鑫、広東省香山（現在の中山）の人。その父、鄭観応は中国近代史上、有名な資産階級改良主義者、愛国学者、詩人である。かつて中国新聞撮影学会会長を務めた蒋斉生は、鄭景康について「旧中国の写真史には彼の功績があり、新中国の写真史にはさらに多く、彼の名前が刻まれている」と語った。鄭景康は生涯各地を巡って、レンズで歴史を記録した。ポートレート写真を得意としていたが、景色や人々の暮らし、報道写真も撮影している。そのレンズは、有名、無名の人、政治家、科学者、画家、工員、農民、兵士、学生、高齢者、子供を映し出している。作品の中には、人々の真実の生活が見て取れ、また美しい自然の風景も見ることができる。

抗日戦争が始まると、鄭景康は「国家の興亡、匹夫も責めあり」と深く思い、カメラを通して抗日戦争に力を尽くそうとした。一九三八年、香港から武漢へ赴き、国民政府国際宣伝処撮影室主任として、日本が中国を侵略するさまと、中国人民の抗日活動の様子を写真に撮り、また台児荘の戦いの前線で報道写真を撮影した。一九三九年四月、鄭景康は重慶で共産党と連絡を取り、周恩来と葉剣英の紹介で一九四〇年十二月延安に向かった。一九四一年一月から一九四九年十一月、八路軍総政宣伝部と聯政宣伝部でカメラマンを務め、共産党に入党した。彼は積極的に撮影の仕事を行い、党の報道写真部門の立ち上げに重要な貢献をした。一九四二年、鄭景康は延安文芸座談会に参加し、撮影事業に対し功績のある意見発表を行った。座談会の期間中、鄭景康は個展も開催した。毛沢東、任弼時、賀龍らが鑑賞し、非常に高く評価した。一九四四年鄭景康は毛沢東の最初の基準写真を撮影した。また、一九四五年八月には延安空港において、毛沢東主席が重慶に話し合いに向かう際に手を振って別れを告げる写真を撮影した。周恩来、朱徳、葉剣英など指導層のために撮影した多くの写真、また、解放区軍隊革命闘争や大生産運動などの写真は、全て中国共産党の大変貴重な歴史的資料である。

一九四五年、鄭景康は胡耀邦について延安を離れ、解放戦争の前線に赴いた。相次いで『晋察冀画報』『山東画報』『東北画報』の報道カメラマンとなり、人材育成や指導にもあたって、中国共産党の撮影部門の設立に重要な貢献をした。中国人民共和国が成立した後は、新聞撮影局研究室主任、新華社特派員、研究員、中国撮影学会常務理事、創作補導部主任等の職を歴任した。また積極的にニュース撮影に従事し、人物像の撮影や撮影理論研究を行った。一九五七年春、北京で新中国設立後初めてとなる個人写真展を開催。一九六二年、鄭景康は梁思成と『内モンゴル旅行撮影展覧』を行った。

鄭景康の創作の題材やスタイルは多種多様で、事件の現場、様々な人物、祖国の美しい景色、きらびやかな舞台、敵の残酷な罪状、兵士の奮闘が、全て彼のレンズの中で素晴らしい表現となっている。一九六四年、毛沢東主席を撮っ

『画家斉白石』（一九五五年）

た写真が天安門にかけられた肖像となり、彼の創作がすでに「生き生きとして、内面をも映し出した、無理なところもなく、傷もない」芸術の域に達していると多くの人々に認識されている。

## 『画家斉白石』について

『画家斉白石』は、鄭景康の一九五〇年代の傑作である。室内光による人物像で、撮影中だがカメラを意識していない瞬間を撮ったものである。作品中偉ぶった雰囲気はなく、老画家のまなざしは穏やかで、表情は泰然自若としており、隣家のおじいさんのようである。この親しみやすさは、ポーズをとるよう言われて出てくるものではない。作品は光、構図、表情のいずれも自然で、撮影者の白石老人に対する理解と尊敬を表している。『画家斉白石』は、作者がクローズアップの手法で、表面ばかりでなく内面を写すのに長けていることを示し、中国の大画伯である斉白石の表情、風格を余すところなく写している。『画家斉白石』は当時の著名人の心髄を伝える力作と評されて

『毛主席在延安』（一九四四年）

いる。

## 『毛主席在延安』について

一九四四年、鄭景康は毛沢東を撮影し、その内面をも捉えた写真として毛沢東に喜ばれ、党中央により初の公式写真に定められた。新中国の成立後は、天安門に初めて掛けられたものとなった。確かな撮影知識と芸術への把握力は、鄭景康が最高水準の作品をつくる上での基礎となった。これにより重要な被写体を撮る際も、思うままに撮れたのである。延安で毛沢東の公式写真を撮影したものだが、もともとは主席と砲兵司令官朱瑞の二人を撮った写真だった。朱瑞は、抗日戦争時には山東分局の書記で、解放戦争時には砲兵司令官に任ぜられ、東北で戦死した。この写真は室外で撮られたものをトリミングしたものである。もとは二人がベンチに腰掛けている写真だった。毛沢東の表情は輝き、自然で、何かに耳を傾けているようである。

# 17．激情ほとばしる女性記者

楊剛

楊剛《ようごう》（一九〇五～一九五七）、本名は楊季徽、楊繽の名も使った。中国の著名な文学者、詩文文学者。外交官である。貞白、李念群、左洛伊、楊剛全、金銀花などのペンネームを使った。『大衆知識』編集者、香港『大公報』副刊の主編、『進歩日報』党組書記，編集長を務めた。

楊剛は江西省萍郷《へいきょう》の封建官僚の家庭に生まれた。幼少時に父親に家塾に入れられ、伝統的な教育を受け、また当時の新しい教科書や英語を学んだ。

一九二二年、南昌葆霊女子学校に入学、楊繽と改名した。この頃著作を開始、五・三〇運動に身を投じて、「傷兵服務隊」宣伝班に加入した。

一九二八年秋、女子学校での成績が優秀だったので、燕京大学に無試験で入学、英文学を専攻した。同じ年、中国共産党に加入した。

一九三二年春、北平社聯は『北方青年』週刊を創刊、特務当局の注意を引くのを避けるため、楊剛と改名した。

楊剛は中国現代作家兼記者の典型例で、英語と中国文学の基礎を持っている。一九三四年、燕京大学新聞学部のアメリカ人教授エドガー・スノーの助手となった。スノーの求めで、英語で『日記拾遺』と言う小説を書き、作品中で地下工作に従事する若い党員夫婦の悲惨な生活を描写した。これは当時の中国新文芸作品選集『活的中国』に収録された。のちに中国語に翻訳される際に『肉刑』と改題され、一九三五年四月十五日、『国文週報』に掲載された。スノーはこの作品について、「楊剛は中国文学界でタブー視されていた題材を大胆に扱った。彼女の勇気は一種の解放精神を示したもので、中国芸術は革命の気概をもって過去と決裂することなどできないと思っている人々を、大いに震撼せしめた」と高く評価した。

一九三六年十月楊剛は『大衆知識』で編集者を務めた。一九三八年、文学創作の第一のピークを迎え、散文集『沸騰的夢』、歴史小説『公孫鞅』、長編小説『偉大』を執筆した。八百行に渡る政治風刺詩『我站在地球中央（地球の中心に立つ）』はこの時期の傑作である。一九三八年にはタス社上海分社で英文翻訳を担当、毛沢東の『論持久戦』を英文に翻訳して出版し、この著名な軍事論を国外に紹介して世界的な注目を集めた。

一九三九年、楊剛は香港『大公報』で仕事を始め、蕭乾のあとを継いで副刊『文芸』及び『学生界』の主編となった。この間、副刊を「戦袍をまとい、甲冑にあらため」、「赤い布を掛けて太陽に向かい高らかに鳴るメガホン」に換えた。この間、党の政策、方針を正面から報道するほか、敵の後方の軍、民の感動的な業績を褒め称え、反動派の暗黒統治や腐敗の内情を大胆に暴露した。また戦地深くに戦地通信を取材し、時局の正確な把握による政治民主の先触れを発した。

一九四四年夏から一九四八年の四年近く、アメリカのハーバード大学で学ぶ間、『大公報』に『美国《アメリカ》通信』シリーズを掲載、奔放な情熱、鋭敏な思考で豊富な経験と見聞を描き、アメリカについて中国に知らせる使命を果たした。

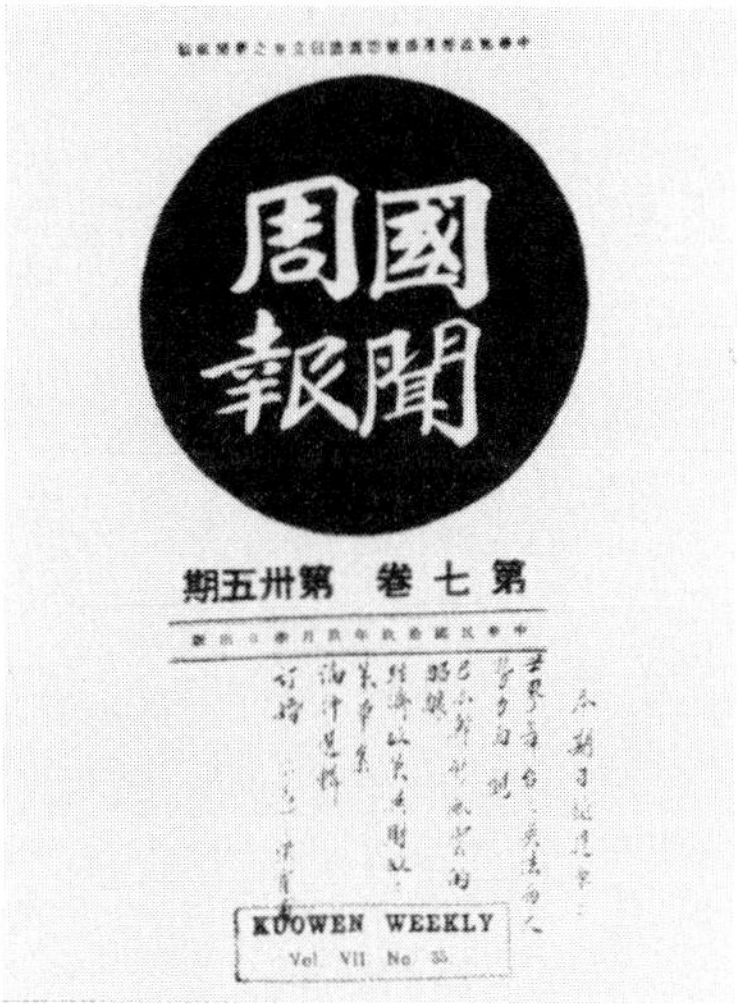


『国聞周報』

独自の見解、深い分析、詳細な描写、真情の吐露により『美国通信』は一世を風靡した。

一九四八年楊剛は帰国、上海解放後、軍代表兼副総編集長として上海『大公報』の新生に携わった。中華人民共和国成立後は、外交部政策研究委員会主任秘書、周恩来総理弁公室主任秘書、中共中央宣伝部国際宣伝処所長、『人民日報』副総編集などの職を務め、中国の国際宣伝事業に不滅の功績を残した。

## 『万木無声待雨来』について

一九四二年秋、浙贛《かん》戦役（浙贛作戦）において、楊剛は『大公報』の記者としてオーストラリアの記者ベーチェット一行とともに戦地深くで取材した。途中浙江、江西、福建、広東の四省を通り、二ヶ月にわたって十数篇を書き送った。『万木無声待雨来（万木声なく雨を待つ）』はその中の一篇である。楊剛は道中見聞した事を生き生きと記録し、複雑で膠着した戦局を深く分析した。また人々の日常生活と戦争の情勢との緊密な関係、民族の命運への深い関心を表した。

福州から吉安への道路はぼろぼろだった。その道を見て、あるものは嘆息し、あるものは頭を横に振り、あるものは恨み事を言った。楊剛はその道に、抗戦の苦難を見て取った。倒れても倒れても起き上がる、そうしてわずかでも明るい方へ進む錬磨を経てこそ民族の解放が訪れる。楊剛はこうした楽観的な見方で自分を鼓舞し、読者を励ました。

## 『悼史沫特莱』について

『悼史沫特莱（スメドレーを悼む）』は、楊剛がハーバードでの留学を終え、帰国して『大公報』の職に就いたのちの、中年の頃に書かれたものである。この作品は、親友が語るという形でアグネス・スメドレーの生前の業績を回顧している。楊剛の筆によって、スメドレーの経歴を振り返り、その性格や、勇敢に革命の理想を追い求める姿の細かなエピソード、楊剛の彼女を偲ぶ気持ちが行間からあふれ出ている。

文はおおむね時間軸に沿って書かれており哀悼の念は次第に強まっていき、最後で最も強くなっている。真摯な感情には強い影響力がある。言葉の使い方は階級的立場を鮮明に強調するもので、革命世代の独特な特徴がよく現れている。

# 18. 真理にすべてをかけた報道人

惲逸群

一九七八年、中国の大地が改革の春風を浴びている時、多くの数奇な経験を持つ老報道人が急逝した。この人は権威をおそれず、その身が逆境にあっても率先して「個人崇拝」に反対する檄文《げきぶん》を書き、「思想解放」の流れを揺り動かした。また、七十二歳の時に病の身にむち打って、祖国と人民のため忠誠を尽くし、社会史の公文書を編纂した。この老人とは、思想解放の帆をあげた革命ジャーナリスト、惲逸群である。

惲逸群《うんいつぐん》（一九〇五～一九七八）、本名は鑰勲《やくくん》、字は長安。江蘇省武進馬杭上店の人。一九二一年上海大同大学で学ぶ。全国を震撼させた五・三〇事件を目の当たりにした後、惲逸群は機構改造まもない国民党に加わり、革命救国の道を進むことになる。一九二六年中国共産党に加入。一九二七年三月、国共両党の同志たちと「列強を打倒し、軍閥を消滅させる」「土豪を一掃する」

などのスローガンを叫びながら、北伐軍が武進に入るのを迎え入れ、労働者と農民に対して、土豪を捉え、過酷な税を廃止し、アヘンや賭け事を禁止する活動を働きかけた。また、いくつかの反動新聞を接収、『民国日報』を創立した。

一九三二年八月、惲逸群は上海最大の民間通信社、新声社で記者として革命活動に従事した。ほどなくして、『大美晩報』でコラム『記者座談』を始め、国民党当局の報道統制政策を非難し、報道の自由を呼びかけた。一九三五年八月、惲逸群は『立報』国際新聞編集者兼社説の主筆となり、蒋介石の、外患の前に内憂を取り除くという政策に反対し、救国について語り、民族の大義を宣伝した。西安事変（西安事件）以後は時局がはっきりとしないため、『御辱必須団結』など、一連の分析、評論を発表した。七七事変（盧溝橋事件）の後、国民党政府は列国に調停を懇願したため、惲逸群は怒りを禁じ得ず、『応戦的時候到了（応戦の時は来た）』を書いて、全国人民に対し抗戦に奮い立てと呼びかけた。続いて『六年来的教訓』を書いて、九一八事変（満州事変）以降、国民党政府が度重なる妥協で国を誤った責任を列挙した。

一九三七年十一月十二日、上海陥落後、惲逸群は命令により上海に残ってアメリカ資本の『大美報』で編集者となり、同時にイギリス資本をうたった『導報』『訳報』で主筆、総編集長を担当した。武漢が陥落すると、汪精衛（汪兆銘）は妥協し投降する言論を発表するが、惲逸群は即座に上海『導報』に『異哉汪精衛之言』と言う檄文を書いて非難した。日本の特務機関のブラックリストに載っても、死をおそれず仕事を続けた。

一九三九年六月、惲逸群は香港に移り、国際新聞社香港分社で仕事をし、雑誌『二十世紀』を編集した。一九四一年五月、茅盾、鄒韜奮ら九人と共同で『我們対国事的態度和主張（我々の国事に対する態度及び主張）』を発表、投降妥協派による文化人への迫害を弾劾した。一九四五年に逮捕され、釈放された後に命令により蘇北解放区で新華社華中分社、『新華日報』華中版等の報道機関で指導的な仕事をした。一九四九年、上海解放後、惲逸群は解放日報者総編集長、社長、華東新聞学院院長、華東新聞出版局局長を務めた。

導報
日陣地遭轟炸
運河北岸八晝夜血戰
台兒莊華軍獲勝利
昨沿鐵路向棗莊挺進
李宗仁將軍督師前方
社論
站在人類的立場說話
節衣縮食
救濟難民
游擊隊活躍

『導報』

文化大革命が終わったとき、惲逸群は七十二歳の高齢となっていた。しかし大志は変わらず、『中国社会史資料』を部門ごとに編纂し、『民国史話』を書き、『左伝』、『史記』の現代語訳を執筆しようと計画した。惲逸群が提出した上海辞書出版社の『辞海』新版に対する三万字あまりの修正意見は、後にすべて採用された。

惲逸群は生涯、労苦をいとわず光明を追求し、革命に身を捧げた。祖国と人民のための報道事業に苦労をいとわず、冤罪に問われても権勢に立ち向かい、真理を掲げて国家建設に貢献した。新聞学の分野では、『新聞学講話』、『外蒙問題考察』、『抗戦国際知識』、『蒋党真相』等の著作で貢献した。

## 『平凡的道理――略談〝個人崇拝〟』『論新八股』について

一九六六年、惲逸群は十一年にわたる冤罪による獄中生活を終えたばかりで、「反革命分子」のレッテルを貼られ、蘇北阜寧県の中学で図書管理員をしていた。六十歳を超えた身で、非人道的に苦しめられ病に冒されながらも、安逸を求めることなく権勢にこびずに、率先して「個人崇拝」の風潮に疑問を呈し、逆風に負けることなく極左路線と反革命的集団「四人組」に対する一連の反対文書を書いた。『平凡的道理――略談「個人崇拝」』及び『論新八股』はそのうちの二篇である。

こうした言論は、当時としては奇想天外とも言えるものだった。人々は長年極左思想の影響下で、次第に判断力と認識力を失っており、有識者といえども当たらず触らずという態度でいた。このとき惲逸群は、劣悪な生活環境で体が衰弱していたにもかかわらず、大きな勇気と洞察力で、後の人から「どんな人も目覚めさせるような、大変に歴史的、分権的価値のある」ものと讃えられる文章を書いて国内外から読者の大きな反響を呼んだ。この文章は論理が緻密で、言葉は深く率直、哲理にあふれた知見があった。当時の人に目の前が明るくなる思いをさせたばかりでなく、後代の人にも戒めとして深く考えさせる文である。

# 19．無産階級の報道理論家

陸定一

陸定一《りくていいっ》（一九〇六～一九九六）は、中国の無産階級革命家、解放後は宣伝活動で長く働き、要職についた。党と人民の優秀な宣伝担当者、ジャーナリスト。

一九二二年夏、陸定一は、実業で救国する志を抱いて南洋大学電機部に入学した。初の革命啓蒙教師、惲代英の影響で、革命に転向するようになる。五・三〇運動が始まった後、陸定一は南洋大学から上海学生聯合会へ派遣され、学聯が主催する『血潮日報』で編集の仕事に当たる。一九二六年、陸定一は党中央によって派遣され、雑誌『中国青年』の編集に協力した。『中国青年』は惲代英の主宰のもとで、青年層に影響力があった。上海第三次工人武装起義の後、上海市政府が成立したが、これを受けて、陸定一は『破天荒的上海市民政府』という文を『中国青年』に掲載した。文章は人民が政府を設立したことを熱く讃え、上海市民の「この種の闘争」により、革命の勝利と反革命の崩壊は間違いないと述べている。四一二反革命政変（上海クーデター）の後、陸定一は、中央委員の補欠候補及び団中央宣伝部長となり、『中国青年』の編集長を引き継いだ。

中国共産党の第六期中央委員会第四回全体会議の後、陸定一は王明らの主張に反対したため、共産主義青年団中央宣伝部宣伝部長の職を失い、団籍も剥奪され、『闘争』編集部へ異動となった。そこではガリ版を切る仕事をした。遵義会議[1]後、陸定一は鄧小平に替わって『紅星報』の編集長となった。長征中、『紅色中華』、『闘争』等の刊行物は停刊になり、『紅星報』は中共中央と中央軍事委員会の唯一の宣伝手段となった。陸定一が編集長となったとき、編集部には四，五人しかおらず、道具も二つの鉄の箱に謄写版、鉄板何枚かと鉄筆数本しかなかった。陸定一はおおむね一人で取材、編集、原稿依頼、組版、校正、印刷など多くの仕事をこなした。編集部が宿営地に到着すると、鉄箱を机にガリ版印刷で七，八百部を作成、各連隊に配布した。彼らは、党から与えられた宣伝任務を非常に良く行っていた。

抗日戦争が始まると、陸定一は八路軍総政治部宣伝部部長に任命され、『新華日報』華北版の仕事を指揮した。延安整風運動が始まると、陸定一は毛沢東に前線から延安に呼び戻された。一九四二年八月『解放日報』総編集長を引き継ぎ、毛沢東の指導の下、党報の改革に大なたをふるった。改版後の『解放日報』には、党の報道において群衆と実際の活動が密接に連携するという特徴が見られた。陸定一の主張により、『解放日報』は社説委員会を設置して社説のテーマ選定とチェックをまかせることとし、従来の毎日一篇の社説を掲載するという方法を改めた。新聞社はまた県、郷、区などの基礎組織に通信員をおき、一つの系統につき四百人程度の通信組織を作った。これにより、ニュースソースの不足が解消されたばかりでなく、人民と新聞との連携を緊密にした。

JIEFANG RIBAO
解放日報
本報廣告增價啓事
有獎儲蓄
歡迎各界參觀
紅軍收復刻赤
斯大林致電慶祝
西綫北綫蘇軍繼續挺進
刻城區殲滅納粹六千
艾登昨返抵倫敦
謂莫斯科會議極為坦白誠懇

『解放日報』

一九四三年九月、陸定一は『我們対於新聞学的基本観点（我々の新聞学に対する基本観点）』を書き、『解放日報』紙上で発表した。この文は、弁証唯物主義を無産階級の報道活動に応用して、新聞学の基本原理を説明、当時のファシスト的報道思想や資産階級的新聞思想に力強い反駁をしたもので、新聞学の古典となった。これは陸定一のマルクス主義新聞理論に対する大いなる貢献である。

## 『論戦局』について

『論戦局』は、陸定一が『解放日報』に書いた社説である。当時の宣伝工作の最も重要な課題は、一つには解放区の人民を動員すること、また蒋介石の進行を打ち負かすことであり、もう一つには、蒋介石軍の弱点を明らかにし、蒋軍が必ず負け我

(1) 一九三五年一月十五日から三日間行われた、長征途中の中国共産党首脳部による会議で、それまでのコミンテルン指導路線が否定され、毛沢東の指導権が確立した。

が軍が必ず勝つと指摘して、士気を鼓舞することであった。『論戦局』はこうした宣伝方針を貫徹するために書かれたものである。この時、蒋介石が全面侵攻をはじめて四ヶ月経ったばかりであり、この文章は戦局の分析を通して、解放軍の将兵及び一般人民に広く方向を指し示し、勝利への自信を強めるものであった。

全面的侵攻が始まったばかりの時は、国民党の蒋介石はアメリカを後ろ盾に、その軍隊は数の上でも装備の上でも優勢を占めていた。国民党政府の統治地区では、多くの人民が中共及び解放軍が勝利を収めることができるか非常に疑問に思っていた。また一部にはアメリカに幻想を抱く人もいた。この文章は、そうした疑念や幻想に最善の回答をしたものである。

陸定一の文章は、まず一組のデータを基に、今後数か月の戦局が攻防の転換となる重要な時期であると説明した。「第一に十月には、蒋介石は八つの旅団を殲滅され、それ以前とあわせ二十五の旅団となった。これは蒋介石軍の六分の一にあたる。第二に、蒋介石軍が攻め込んでいるときであっても、兵力不足のため、我が軍が局地的に反攻に転じている。それは冀東地区で、ここは我が軍が十月に三県を取り戻し、蒋介石軍は空の県市を守っているため、動けば叩かれるという状況に陥っている。第三に、解放区は七月以来蒋介石の軍隊により百十七県が占拠されたが、現在まだ三百七十八の県が残っている。また、県の中心が占拠されてる場所でも、広大な農村部分がまだ解放区の軍、民の手中にある。第四に、蒋介石軍が占拠している地区の農民が武装蜂起しており、各新聞によれば、十三万人に達している」と、情勢は蒋介石軍が守りに、解放軍が攻めに転じる重要な時期であるという認識をしめしている。

文章は、米国が蒋介石に対して援助を行っていることを挙げ、人々にアメリカに対する幻想を捨て、自らを救うため奮い立って、米国と蒋介石の反動的な陰謀に反抗するように告げている。陸定一は、共産党は人民が支持するもので、人民によって我々は勝利の鍵を握ると指摘している。四ヶ月の戦争の状況を分析し、明確に我が軍が必ず勝つことを指摘し、全軍と全国人民の士気を大いに鼓舞する文章である。

# 20. 世界のニュースを切り開き、民族文化を開拓した

薩空了

一九〇七年三月二十六日、薩空了は成都のとある一般家庭に生まれた。父親は薩空了が十四歳の時に亡くなり、この時から社会に足を踏み入れることになった。つらい生活と革命の洗礼の中で、謹厳なる思索と鋭敏な洞察力で救国の道を追い求めた。愛国的新聞人から民族文化事業の開拓者として、後の人がため息を禁じ得ない、無数の足跡を残した。

薩空了《さつくうりょう》（一九〇七～一九八八）は、風采も文才も優れた、『北京晩報』の編集者で、譚旦冏《たんたんきょう》は英才の友人と見なしていた。二十歳の時、薩空了は『北京晩報』の副刊『余霞』の編集を担当し、また多くの新聞紙上に投稿して、自身の国と人民に対する憂慮の思いを表した。

一九三五年、『世界日報』の創始者である成舎我は、薩空了を上海で働くよう招いた。副刊『小茶館』はこれによって生まれた。薩空了は

『小茶館』の発刊の辞『向「下」走的告白』の中で、「人力車の車夫もどうぞお入りください」と書いた。こうした大衆の労苦に耳を傾ける『小茶館』によって、薩空了はしだいに万民を考える名記者となっていき、中国の報道宣伝事業の最前線に足を踏み入れていった

七七事変（盧溝橋事件）以降、薩空了は『立報』で、抗日や最新の戦地情報を大量に報道した。行間には愛国の情があふれ、人々を奮い立たせるものであったので、『立報』は当時発行部数が最大の新聞となった。

薩空了は香港で『華商報』の社長となった時、潘漢年らが主導した民主党派に積極的に関与した。任務は多く、困難で時に危険を伴ったが、薩空了は常に意欲的に、己の為すべき事を為した。このため一九四九年二月、詩人の柳亜子は、薩空了の香港での様子を、公益のため非常に忙しくしているが、何かあれば香港にご足労願いたいという意味の条幅にしたためている。

一九四八年、薩空了は北京に戻り、胡愈之、林仲易と三人で、もともと北京にあった『世界日報』を中国民主同盟の『光明日報』と改め、一九四九年に正式に出版した。一九五〇年、薩空了は少数民族として、民族工作に従事し始めた。新中国成立一周年の際、薩空了は副団長として中央西北各民族訪問団を率いて新疆、甘粛などの少数民族地域を訪問した。薩空了は『人民画報』を各民族文字版に翻訳することを提唱、のちに『民族画報』、雑誌『民族団結』はじめ多くの画集を出版した。一九八二年、彼は生涯で最後となる『人民政協報』を創刊した。一九八六年までに、娘の薩澐の助力のもとで、五十年余りに及ぶ業績や感慨を『我与「立報」』『在「新疆日報」的一年』などの回顧録を書き上げた。

薩空了がはじめた、「読者コラムを設け、人々の苦しみに関心を寄せ、人々に国家の命運を意識させる」という報道の実践は、今に至るまで報道に携わるものに影響を与えている。薩空了は、記者は数多くの読者の代表であり、報

立報
文化
增刊
隨報附送不取分文
昨歡送世運代表團
高爾基追悼會

『立報』

道は人民に寄り添うものでなくてはならず、「わかりやすい言葉で、考えや知識に有益となるものを書くよう努力すべき」と考えていた。薩空了は様々な報道形式を用い、民衆のための絶対的利益を強く呼びかけ、短い言論に人民の苦しみ、社会の闇をを映し出した。薩空了のジャーナリストとしての生涯は、中国新聞界の宝であり、彼は祖国と人民に忠誠を尽くし、無数の民衆の愛国心を引きだし、暗闇の中を光明へと手探りする人民を導くものだった。

## 『芸術閑話』について

『芸術閑話』は、週刊『霞光画報』に掲載されたシリーズで、全六篇である。いずれも、薩空了の芸術に関する見方を述べたもので、のちに『薩空了文集』に収録された。文章は世界各国の絵画のある一派を紹介し、世界の芸術の動向、中国の西洋画の状況について語ったものである。鋭い中に、率直な若さが見られる。この率直さは、連載の方によく現れている。「自然の真の探求、中国と西洋美術の調和に熱意をいだくということは、我々のように一枚の写真に二言文句をつけて終わり、というものとは違う。書いているうちに失念したが、中国西洋画の大家の怒りを買っただろうか。しかし、怒らないでほしい。これは雑文に過ぎないのだから。職業や肩書きをはばかるものではないのだ。」このはっきりした態度、率直かつ大胆な筆は、文壇に出たばかりの若者のものとは思えない。

# 21.

# ありのままに世界各地を描いた

金仲華

金仲華《きんちゅうか》（一九〇七～一九六八）は著名な国際問題評論家。原籍は浙江省桐郷、一九二七年、杭州元江大学卒業。一九三四年、胡愈之等と雑誌『世界知識』を創刊、編集長に任ぜられる。一九三五年、生活書店編集部主任となり、また鄒韜奮らと週刊誌『大衆生活』を創刊し編集長となった。一九三六年、雑誌『永生』の編集長に就任。一九三七年抗日戦争が起こった後、「保衛中国同盟」に加入、前後して上海、武漢などで鄒韜奮を助けて『抗戦』三日刊や『全民抗戦』三日刊を編集した。一九三八年、香港に赴き、『世界知識』の編集、『星島日報』の総編集長を務め、国際新聞社での指導的役割と香港中国新聞学院での教育を兼任した。また『大衆生活』の編集委員も担当した。解放戦争の時期には、香港『文匯報』の主筆を務めたこともある。新中国成立後は、上海市副市長、政協副主席、全国人民代

表大会代表、上海新聞日報社社長及び総編集長、中国新聞社長、中華全国新聞工作舎協会副主席、上海市国際問題研究所所長などを歴任した。

一九三六年、金仲華は、鄒韜奮の推挙で新聞出版の他に、宋慶齢の文章を翻訳、修正、加筆し、国内外に発表して大きな成果を得た。一九三八年秋、金仲華は、宋慶齢が組織した保衛中国同盟に加入、中央執行委員と中国語版の『保衛通訊』の編集を受け持った。正式に宋慶齢の助手となり、ともに戦った。解放後、金仲華は宋慶齢がリーダーを務めた中国福利会で児童福祉について模索した。宋慶齢は、金仲華の仕事ぶりと業績を高く評価し、「私は彼を尊敬しており、これまでの愛国的、先進的事業の中で、全力で私と同志たちを助けた。彼は喜んで私を助け、失望させることがなかった」と語っている。

金仲華は、国際情勢の動乱期に自らの得意な外国語を活かし、多くの新聞雑誌の編集をしたという特別な経歴を利用して、ソ連タス社上海分社での電信翻訳から国際問題の研究を開始した。一九三四年九月十六日、「蘇聯之友社」同人の一人として、胡愈之を助け、上海で国際知識を広めるための雑誌『世界知識』を創刊し、最も記事数の多い筆者の一人となった。国際問題に関する様々な角度からの、深く系統立った評論は、中国人に世界の状況を見通す窓を開けたばかりでなく、敵を暴き出す有力な武器となった。一九四四年夏、日本軍が湖南と広西で大規模な侵攻を開始した。金仲華は、「大撤退」の中で重慶に来て、アメリカの新聞処で翻訳の仕事に携わった。また、解放区のニュースをありのままに海外に伝えた。新中国の成立後は、国際統一戦線の仕事に大きな情熱を傾けた。一九五〇から六〇年代、金仲華は毎年のように渡航し、国際会議に参加して多くの国にその足跡を残し、中国の平和友好の種を訪れた地にまいた。一九六〇年、上海国際問題研究所が成立すると、その所長となった。着実な基礎を持ち、現実に触れた多くの実例を活かし、各国の国情、国と国との関係、国際的な重大事件及び世界情勢について深く掘り下げて研究し

新聞日報
熱力交織・鋼鐵奔流
上鋼昨慶祝復工
陝鄂邊境解放平利
打垮胡匪一個軍
李頡伯作總結
華東區貿易會議
月底在上海舉行
全國文聯章程通過
熱河商討勞軍
老協大祥
呢絨綢緞棉布

『新聞日報』

た。その成果は国際情勢に一定の影響を及ぼし、党と国家が対内的、対外的な政策を決定する際参考となる、重要な根拠を提供した。我が国の国際問題研究分野を新たに切り開いた。

金仲華は公明で、博学、多才、命を愛し、中国の知識分子の自尊心と良識を守りぬいた。金仲華が後代に残した大きな遺産は、彼が創刊した雑誌と大量の社説、評論及び彼の描いた地図である。

## 『戦神在世界的邁歩』について

中国人民の解放闘争と全世界人民の解放闘争は不可分であることを、国内の人民に広く知らしめるために、また、同時に民衆を抗戦に奮起させるために、国際問題に精通した金仲華は、多くの文章を書いてファシズムが侵略を広げていることを明らかにした。『戦神在世界的邁歩』はこのうちの力作の一つである。文章は辛辣なタッチで、「戦神」の共犯者、すなわち独りよがりに戦神を鼓吹する者や血に飢えた紳士、さらに恐るべき死の商人、国際的な武器商が世界を踏みにじる様を暴露した。まさに一九四一年ソ連とドイツの戦争が始まって一ヶ月の時期、金仲華は双方の状況、軍事力、戦略戦術などを分析し、「この狂人（ヒトラー）は、すでに百年余り前にナポレオンのロシア遠征失敗の轍を踏んでいる」と指摘した。情勢はそのとおり進展した。

# 22. 中共新聞宣伝事業の重要な貢献者

廖承志

廖承志《りょうしょうし》（一九〇八～一九八三）、広東省恵陽の人。父廖仲愷、母何香凝はともに同盟会の元老で、孫文の戦友である。廖承志は陝北新華社に及び週刊『解放』の創設に参加、香港『華商報』など多くの救国新聞の創設に関わった。新華社社長、中共中央宣伝部副部長などを歴任。民主革命時期の党報道宣伝事業に多大な貢献をした。

廖承志は日本に生まれ、一九二四年に広東に戻った。父親が国民党右派に刺殺され、四一二反革命政変（上海クーデター）、白色テロなどの事件ののち、国民党に失望し、一九二八年上海で中国共産党に加入した。

廖承志は、日本語、英語、フランス語、ドイツ語、ロシア語などに精通、絵画の方面でも独特の業績を上げており、これらは報道宣伝工作に有利な条件となっていた。革命工作に従事し始めた頃、廖承志は対外宣伝と壁新聞の仕事を割り当てられた。この壁新聞は多くの労働者から人気を得たため、上海国民党の特務機関からにらまれた。彼らは「御用文学者」を使って別に壁新聞をつくって廖承志の向こうを張ろうとしたが、誰も顧みなかった。

一九三六年十二月、長征に参加した廖承志は陝北に到着、新華社の仕事に就いた。廖承志はすべての外電の責任者となり、また新華社放送の原稿編集にも当たった。当時の設備はお粗末で、印刷所もなければ活字もなかった。廖承志は毎日、日本同盟社、ソ連タス社、フランスのアヴァス通信社などの外国語ニュースを聞き、国内のその他のニュース、評論など、毎日二万字近い内容をすべて一人でガリ版に切った。

一九三八年から一九四一年にかけて、廖承志は延安に戻り、新華社の社長となった。編集し発出するニュースや文章は、それぞれが砲弾のように蒋介石政府に打撃を与えた。内戦の時期には、優れた社長としてだけでなく、各部署が戦争準備にかかる際は卓越した総指揮者となった。一九四七年三月、胡宗南の大軍が延安に迫ると、廖承志は新華社の社員を率いて黄河を渡り、東に何百キロも撤退した。空襲を警戒して夜間に行軍し、緊張をしいられ、つらい中で、途中新聞を書き、外電を訳し、『今日新聞』、『参考消息』の謄写版印刷をした。当時、社の関係者は数百人おり、病気の者、家族、子供も少なからずいた。廖承志はこの集団を無事に目的地に送り届けたばかりでなく、陝北電台（陝北放送局）の毎日の放送も確保した。

新中国成立後は、長期にわたって外交と統一戦線活動に従事、一九八三年逝去した。

## 『林銑内閣坍台、近衛組閣』について

『華商報』

『林銑内閣坍台、近衛組閣』は、国際情勢のニュース、評論である。当時日中両国は日本の内閣再編に大きな関心を持っていた。廖承志は、幼い頃日本で育ち日本語に堪能で、日本の政治をよく理解していた。この文は国内の民衆と当局者に日本が中国侵略に野心を示していることに注視するよう知らせるものだった。廖承志は鋭い洞察力で、日本国内の派閥の争いや勢力地図を見て、まさに全体的にファッショ化しつつあることをはっきりと意識していた。また、日本の欺瞞的宣伝に幻想を抱く者に悩まされていた。廖承志は、中国がすでに戦争の危機の縁に立たされていることを大声で知らせていた。この文が発表されて一月もたたずに、盧溝橋事件が勃発、日本は全面的に侵略戦争に入っていく。廖承志の、日本の政局への深い洞察、国際情勢の判断の確かさに、人々は感服した。

## 『必須勝利、必能勝利』について

『必須勝利、必能勝利』は、朝鮮戦争開戦から一年になる際に、軍、民の士気を鼓舞し、中国の政策を明らかにするために書かれた政治論評である。文中では勇敢な朝鮮人民と、中朝両国の密接で偉大な友好関係をたたえ、国連軍の軍隊が引き起こした災厄を責め、中国人民義勇軍の革命英雄主義の気概を賞賛している。廖承志は軍、民に楽観的に、しかし努力をいとわず、最後に勝利をおさめようと呼びかけた。アメリカに抵抗し、朝鮮を援助して勝利を収めることは、祖国の将来の命運と人民の幸福に大きな意味があると強調している。この文は言葉は平易だが、理論が通っていて、真摯で、深く考えさせるものである。

# 23.

# 西北に至り、塞上で名を成した

範長江

優秀な記者には、優秀な記事がある。著名な記者、範長江の優秀な作品は『中国的西北角』『塞上行』『祖国十年』の三部作で、範長江の現代中国新聞史上での突出した地位を固めることになったものである。

範長江《はんちょうこう》（一九〇九〜一九七〇）は、四川省内江県の没落した地主の家に生まれた。辛亥革命以降の社会思潮の影響を受けて、範長江は青年期から社会活動に身を投じることになる。一九二七年の始め、中法大学重慶分校に入学、ほどなく武漢へ赴き、賀龍がリーダーを務める国民革命軍第三師教導団学生キャンプに加入、すぐに起こった有名な南昌起義（南昌蜂起）に参加する。南昌起義の失敗後、範長江は放浪生活を送っていたが、一九二八年国民党南京中央政治学校に合格する。一九三八年、九一八事変（満州事変）が起こると、国民党の消極的な抗日政策に不満を持ち、こっそりと学校を離れ、翌年北京大学哲学系に入学する。在学中、範長江は抗日活動に積極的に参加する一方、報道にも興味を持ち、多くの新聞社に積極的に原稿を送った。

一九三五年五月、範長江は天津から船に乗って南下し、煙台、青島、上海、杭州などを取材、また揚子江をさかのぼって重慶、内江などを訪ねた。同年七月、範長江は成都で滅多にない好機を捉えて、有名な西北取材を開始した。この取材旅行は十ヶ月、何千キロにも及んだ。四川省、陝西省、青海省、甘粛省、内モンゴルなどの広大な地域を、取材しつつ記事を書き、『大公報』の特約通信員の名義でレポートを出して社会的な反響を呼んだ。この取材の成功により、範長江は『大公報』の正式な記者となった。

一九三六年八月、範長江はまた有名な塞上訪問を始める。その間に、西安事変（西安事件）が起こった。非常事態だが、交通が隔絶しており、真偽の判別がわかりづらかった。範長江は服装を変えてうまく西安にはいり、一連の実地レポートを送って一躍有名になった。その後また、人々の注目を集めていた陝北に入り、中国共産党の要人を取材した。延安のヤオトンで、毛沢東と範長江は夜通し語り合い、これは範長江の世界観に大きく影響を与えた。範長江は共産党の農村革命根拠地に入り、中共民族統一戦線の主張を報道した初めての中国人記者である。こののち、範長江の政治的な態度は次第に共産党に近づいていく。一九三九年五月、範長江は重慶において、周恩来他の同志の紹介により中国共産党に加入する。「一人のまっすぐで愛国的な記者から、民族と階級の利益のために戦う共産党員になった。」（範長江夫人沈譜の言葉）

範長江は志を同じくする者とともに、中国青年新聞記者学会、国際新聞社と『華商報』等を相次いで設立した。一九四一年、満州事変十周年を記念して、範長江は『華商報』に『祖国十年』という長編時評を載せた。十年間の国の出来事から個人の思想の変化の過程まで、広く語った。抗戦の勝利後、国共和平会談の際には、範長江は中共代表

大公報
Ta-Kung-Pao
(L'Impartial)
漢口
HANKOW

『大公報』

団のスポークスマンの一人として、解放戦争時には毛主席について陝北を転戦した。解放後は、範長江は新華通信社総編集長、解放日報社長、人民日報社社長及び国務院第二弁公室副主任等の職務につき、また長く全国科学技術協会の仕事にも携わった。

文化大革命の時期、範長江は河南省確山で迫害され死亡した。一九七八年十二月二十七日、名誉が回復され、追悼会が八宝山革命公墓で行われ、一代の英才はようやく安息の時を得た。範長江が生前に最も愛した詩句「人間正道是滄桑」（人の世の正道は移り変わりが激しい）のとおりであった。

## 『万里関山』『膚施人物』について

範長江の二篇のレポート『万里関山』『膚施人物』は非常に貴重なものだった。ニュースとして見ると、自ら訪問し、紅軍の二万五千里長征の基本的な状況を初めて正面から報道したものである。紅軍がいかに烏江を突破し、金沙江を渡り、大河を超え、瀘定橋をとりもどし、臘子口をとったかなど、生き生きとして描かれている。他では報道されておらず、人々は行間から紅軍の知恵と勇気を感じ取ることができる。範長江の中共指導者たちの描写は生き生きとしている。例えば博古は「中肉中背、学生のように元気だ」、毛沢東は「書生のような見かけは温和で、諸葛孔明のように隠者の如く道を行く」などである。これは国民党の新聞が、共産党を下品な者として掲載した虚偽の報道に対して積極的な意義のあることだった。同時に、範長江が西北取材時に紅軍の行動を取材した際の判断の誤りを修正するものである。

歴史的に見れば、この文章はさらに貴重なものである。紅軍初期の行程の資料は多くなく、客観的な報道はさらに少ない。この文章は中国共産党と軍の抗戦以前の状況を研究する際に非常に高い歴史的価値がある。また最も得がたいのは、範長江個人の思想が転換していった歴史の記録であることだ。

# 24・長城を見張る者

孟秋江

孟秋江《もうしゅうこう》（一九一〇〜一九六七）、本名は孟可権、江蘇省常州の人。抗日戦争時期の著名な戦場記者。

　孟秋江が報道の道に入ったきっかけは、著名な記者範長江だった。一九三五年『大公報』の通信員だった範長江は甘粛省張掖に来て、孟秋江と偶然知り合った。孟秋江とともに範長江は張掖の取材を開始、順調に『弱水三千之「河西」』など長編の報道を行った。広く影響のあった範長江の『中国的西北角』の発行人は孟秋江である。

　その後範長江の推薦で、孟秋江は上海『新聞報』の綏遠（内モンゴル）駐在の記者となり、その地の戦況を伝えた。この時期、孟秋江は戦場記者としての卓越した才能を見せはじめる。夜半や明け方であっても常に前線からの知らせを待ち、いつでも『新聞報』に戦況を知らせることができるようにしていた。孟秋江は綏遠前線で戦場記者として優れた仕事をしたため、一九三七年盧溝橋事件の後、範長江は孟秋江を『大公報』記者にと推薦した。孟秋江が『南口迂回線上』という名作レポートを書いたのはこの頃である。

平型関戦役[1]が始まると、孟秋江は『大戦平型関』を書いた。このレポートは平型関大捷の報道の中で最も素晴らしいものだった。精緻な筆致に加え、戦いを近くから観察しているため、『大公報』の中でも注目の的となった。

一九三七年九月、孟秋江は八路軍の太原辨事処で、責任者だった周恩来に会った。同年冬、孟秋江は各地を転々としながら延安に取材に来た。範長江に次いで延安を訪問した、二人目の『大公報』記者となった。この時期、範長江は毛沢東と何度も対面している。孟秋江は毛沢東の抗戦に関する話を特電で毎夜発出し、武漢の『大公報』に掲載した。延安行きにより、孟秋江の政治姿勢は変化しはじめ、徐々に共産主義理論を受け入れるようになって、最後には忠実な無産階級の報道闘士となった。

一九三八年九月、範長江と孟秋江は『大公報』を辞して、重慶の『新華日報』へ移った。一九三八年十月、範長江は長沙で、共産党が指導する報道機関、国際新聞社（略称、国新社）を組織した。孟秋江も国新社に加わり、経理の仕事を担当した。また、孟秋江は範長江とともに中国青年新聞記者学会（略称、青記）を創設した。当時国新社の原稿は、国内では国民党支配下の奥地まで、国外では遠く南洋や北米、ヨーロッパまで届いた。

一九四一年皖南事件の後、孟秋江は命の危険を顧みず、国新社桂林総社の社長となり、人並み外れた統率力と機転で、組織の人員の撤退工作の責任を負った。後始末を終えたのち、孟秋江は桂林を離れて香港へ移った最後の一人となった。皖南事件の後は共産党が低迷していた時期であるが、孟秋江はこの時期に毅然として中国共産党に加入し、正式に党の報道従事者となった。

進歩日報
談判完成滬航業代表來津
南北航運即可恢復
津船舶統一調配委會籌組中
通商通匯通郵空運亦將實現
民營航運事業前途無限輝煌
華北人民政府公布
戰時船舶管理暫行辦法
社論
全國學代會揭幕
樹立新的勞動態度
下花園電廠職工
工作效率漸提高
昌黎改市
中共西北局發佈指示
加強在職幹部學習
國民黨出賣台灣陰謀
華東民工復員
天津協豐總店
開幕減價　歡迎參觀
照碼九五扣兩星期加一放尺

『進歩日報』

抗戦の勝利後、孟秋江は雑誌『週刊』と『文萃』の創設に関わり、上海『文匯報』の復刊と国新社上海辦事処の再興に携わった。孟秋江は『時局展望』、『軍事評論』など一連の文章を用意し秘密裏に原稿を送って、新華社の電信内容を文書中にのぞかせる形で、共産党の主張を国民党統治下の人々に届けた。新中国成立後は、孟秋江は党から天津に派遣され、『大公報』の改造を行った。一九五二年、上海『大公報』と天津『進歩日報』は合併して北京に移ったあと、孟秋江は『大公報』副社長及び党組書記となった。一九六二年孟秋江は中共中央の指示で、香港で『文匯報』社長となり、国外宣伝の舞台で活躍した。

文革の時期、孟秋江は迫害を受け、一九六七年三月十六日冤罪が晴れないまま自殺した。五十七歳。一九八〇年に名誉回復された。

孟秋江が一人の優秀な党の報道人となる道程には、忠誠、幾多の曲折など、壮麗な色彩に満ちている。彼の国家、そして報

(1) 山西省北東部五台山の北東部にある峠で、日中戦争初期に八路軍が日本軍を迎撃し、初勝利を得た。

道事業に対する貢献は、世の人々の心に刻まれるべきものである。

## 『南口迂回記』について

孟秋江は、戦地の解説員である。その作品を読むと、七十年前の戦争の壮烈な場面が読者の目の前に浮かび上がってくる。我々は彼とともに当時の天気、地形、雰囲気、その場にいる人の様子、兵士の会話や呼吸の音まで感じることができ、戦闘の合間に一人の兵士がハーモニカを吹くようにトウモロコシを食べる様子さえ見ることができるのだ。というのも孟秋江は戦場にいて、状況を見ながら解説をしているからだ。

孟秋江は歴史記述者である。我々のために目にしたものすべてを記録している。部隊の番号、地名、人名、交戦の様子、死傷者、成功と失敗…、すべての記述が現実に基づくものである。歴史がいかに塵やほこりに覆われようと、孟秋江の残した真実は覆い隠すことができないのだ。

『南口迂回記』は孟秋江の出世作であり、その多くの真実の記録の一つである。一九三七年八月十五日から二十一日、国民党十三軍八十九師団と四師団は師団長王仲廉、王万齢の指揮下で日本軍と血みどろの戦闘を繰り広げていた。士官も兵士も決死の覚悟で半歩も退くまいとしていた。王万齢は懐来（河北省張家口市）を離れる際に、すべてのものを持参、帰るつもりはなかった。勝てば追撃し、失敗すれば横嶺城に屍を埋めるつもりだった。兵士たちは、一団また一団と倒れていくにもかかわらず、新たな一団がまた塹壕から飛び出していく。こうした突撃が数回繰り返され、二日目の太陽が谷全体を照らす頃には、死力を尽くし戦った英雄たちは、太陽の下、栄光のほほえみを浮かべ、横になって手足を伸ばしていた！

# 25. 白兵戦もいとわない報道闘士

浦煕修

浦熙修《ほきしゅう》（一九一〇～一九七〇）、江蘇省嘉定県（現在は上海市）生まれ。中国の女性記者の中でも特に優れており、武器を取り、真っ向から対決することを辞さない報道戦士と称えられ、『大公報』の彭子岡、楊剛とともに報道界の『三剣客』とよばれた。

一九三六年から一九四八年にかけて、浦熙修は南京『新民報』の記者、取材部主任を務めた。仕事については勤勉で、悪を憎み、世間を騒がせるニュース記事を少なからず書いた。一九四三年三月三日、重慶の『新民報』に掲載された対照的な二つの記事『孔大小姐飛美結婚』と『女公務員為米請願　孔副院長予以拒絶』は孔祥熙の怒りを買った。浦熙修は思考力に優れ、ニュース感覚がとても鋭かった。「記者の使命とは社会が進歩する方向へ進むよう監視することで、社会でおこる事件の悪いことは暴露し、良いことは褒めたたえなくてはならない。すべては人々の生活に関係があるかどうかが前提になる。しかしそれは容易なことではない。誰しも悪いことは隠し、自分の良いことは宣伝しようとするものだ。それゆえ、取材できないものをどう取材するか、載せられないものをどう載せるか、研究の必要なところだ」と浦熙修は考えていた。センセーションを巻き起こした『洋狗坐飛機（洋犬、飛行機に乗る）』のニュースは、浦熙修が巧妙に発表したものだ。一九四一年十二月香港は緊急待避が行われた。浦熙修は要人が飛行場に来るものと予測し、朝早くから飛行場で待機していた。多くの人が飛行機に乗れずにいたが、やってきたのは洋犬が何匹かだった。国民党の厳しい検閲を逃れるため、浦熙修は「点滴方式」をとった。記事を少しずつ分けて書いて検閲を通し、その後一つに合わせて一九四一年十二月十一日の重慶『新民報』に掲載した。見出しは『佇候天外飛機——喝牛奶的洋狗又増多七八頭（ながらく屋外で飛行機を待つ——牛乳を飲む洋犬がまた七，八匹増加）』で大いに世論を騒がせた。

浦熙修は、我慢強い意志と機転のきく知恵のある取材技術を持っていた。仕事に対しては熱心で社会の各階層に深く入り込むことができ、他の者では取材できないことを取材できた。これは国共の話し合い及び政治協商会議の取材報道の際、はっきり現れている。

一九四六年一月、国民政府は政治協商会議を開催、浦熙修は、全体三十八名の代表をそれぞれ取材、一日一篇、重慶『新民報』に掲載した。これは重慶新聞界の政治協商会議の報道の中で唯一であった。三十六篇（四人は合わせて二篇として掲載）の単独インタビューは各方面の人々の言論や気持ちを生き生きと記録しており、民国政治の特殊な段階においての真実の記録を残している。

一九四八年七月八日、南京『新民報』は国民党当局から発刊停止を命じられた後、浦熙修は香港『文匯報』に記事を書いた。一九四八年十一月十六日深夜、『南京政府的最後掙扎』を書き終えたところで、国民党当局により逮捕、

文匯報
WEN WEI PAO
濟南發生大火
傳市區巷戰仍進行中
美不過問中國警制
大規模走私
可怕的陰謀
沈癸南著
肺病臨床實驗録

『文匯報』

投獄された。そのため建国式典の際、毛沢東が親しく「あなたが監獄に入ったことのある記者ですね」と話しかけたのである。

新中国の成立後、浦熙修はちょうど上海で復刊となった『文匯報』に熱い情熱をいだいて参加、新たに報道の仕事を始めた。一九五一年からは三度に渡って朝鮮戦争を取材、多くの戦場レポートを書いた。一九五六年、上海『文匯報』の副総編集長兼北京事務所主任に任命された。一九五七年、浦熙修は右派とみなされて、新聞記者生活を終えた。一九五九年全国政協文史資料研修委員会文化教育組副組長に任命され、『文史資料選集』の編集を担当した。当時彼女は自嘲して、新聞記者にはなれずに「旧聞」記者になってしまった、と言っていた。

長年の心労から病気になり、激しい痛みと、林彪、江青ら反革命集団からの迫害に苦しめられて、一九七〇年四月二十三日、亡くなった。享年六十歳だった。一九八〇年、党中央は浦熙修を右派とした決定を改め、名誉を回復した。

## 代表的な二本の記事について

『孔副院長の娘がアメリカへ渡って結婚』『女性公務員公定価格米を増やすよう請願するも孔副院長は拒否』この二本の記事は淡々と書かれているが、一九四三年三月三日重慶『新民報』の社会欄に並んで掲載されると、あまりにも対照的だった。当時は抗日戦争の最も苦しい時期だったが、政府要人、孔祥熙の娘が嫁ぐにあたり、アメリカで婚礼を行うため、花嫁衣装を空輸したが、飛行機事故で水につかって駄目になった。六箱もの衣装をすぐに財政部の女子工作隊が作り直した。一方、孔祥熙は食うに困っている女性公務員のつらい境遇には少しも同情心がなく、毎月一五キロの公定価格米の要求を、贅沢であるとした。請願の結果は「国難の時期なので自助努力されたい」という役所の決まり文句だけだった。浦熙修のこの二篇のセンセーショナルな記事は孔祥熙を怒らせ、行政院は新聞社に圧力をかけたため、新聞社は閉鎖される恐れがあった。浦熙修と編集者陳理源は記事は事実であるとして、責任の所在を争う覚悟だった。社長の陳銘徳が奔走し、あちこちとりなして、『新民報』に行政院が定めた訂正記事を出すことで決着をつけた。

## 『政治協商会議専訪』について

一九四六年一月十日から三十一日まで、重慶で政治協商会議が行われ、浦熙修は三十八名の代表全員に個別に取材をした。この記事は『新民報』夕刊に続けて掲載された。

浦熙修の独占取材は、各方面の人々の、当時の言動や感情を生き生きと記録している。最初に訪問したのは「傅大砲」とあだ名される傅斯年だった。政治協商会議の結果に傅斯年は悲観的で、無理やり「希望がないとはいわないが、希望があるといいと希望する」と語っている。浦熙修が共産党の主張に賛同していることが、周恩来の次のような描写の中に見て取れる。「周先生の茶褐色の皮コートは、灰色の綿を着た全体代表団の中で最もきわだっていて、その洒脱でこだわらない人柄、率直な物言いは代表団の中でもリーダー的存在である。」

こうした独占取材は、浦熙修の政治記者としての地位を確かにするもので、のちに国共の話し合いに関する報道の専門家としての基礎となり、民営の『新民報』の地位も上げるものだった。

# 26. 地図を持たない旅人

蕭乾

蕭乾《しょうかん》（一九一〇〜一九九九）、本名は蕭秉乾、蕭炳乾。現代の著名な記者、作家、翻訳家。

蕭乾は一九一〇年、北京で蒙古族の貧しい家庭に生まれる。十一歳のとき母親は彼を置いていなくなってしまった。一九三〇年、蕭乾は輔仁大学の英文科に入学、三年後燕京大学新聞系に転入した。そこでエドガー・スノーが開講した「ルポルタージュ—旅行レポート」などの課程を学んだ。

一九三四年蕭乾は夏休みを利用して内蒙古に旅行し、初めてとなるルポルタージュ『綏運瑣記』を書き上げ、彼の旅行記者としての生涯が始まった。

一九三五年、蕭乾は大学卒業後、『大公報』副刊の編集者兼旅行記者となって、最初の記事『魯西流民図』を書いた。これは趙望雲のスケッチ画とともに、シリーズで『大公報』に発表され、読者からの大きな反響を呼んだ。

一九三九年、蕭乾は香港からハノイへ赴き、滇緬《てんめん》公路（ビルマ公路）を取材した。道中、多くの労働者や華僑が、抗日戦争を支援する感動的な場面を見て、有名なルポルタージュ『血肉築成的滇緬路（血肉で築いたビルマ公路）』を書いた。文中では、多くの労働者がいかに自分の両手を使って、その血肉で中国の抗日戦争の大動脈であるビルマ公路を建設したかが、生き生きと描かれている。

一九三九年、蕭乾は英国に招かれ、ロンドン大学東洋研究学院中文系の講師となり、また『大公報』の駐英通信員も兼ねた。一九四三年には、彼は『大公報』のヨーロッパ駐在特派員となり、当時の西ヨーロッパ戦線での唯一の中国人記者として、欧州の歴史の重要な証人となった。彼は難民と車にのり、ダイナマイトを満載したトラックに飛び乗り、イギリス軍について何度も英仏海峡を渡り、アメリカ軍についてライン川へ進み、『血紅的九月』『矛盾交響楽』等、欧州人民の反ファシズム闘争に関する大量の通信記事とルポルタージュを書いた。

一九四五年、蕭乾はアメリカ、サンフランシスコで国連設立大会を、またポツダム会議やニュルンベルク裁判を取材し、『紐倫堡《ニュルンベルク》訪獄』『南徳《ドイツ》的暮秋』などの長編ルポルタージュを書いた。一九四六年に帰国後、再び『大公報』の仕事を続け、国際問題の社説を書き、また復旦大学英文系及び新聞系の教授を務めた。新中国設立後は、『文芸報』副総編集長などの職を歴任した。

蕭乾は回顧録の中で、こう書いている。一九二七年、彼と『大公報』の記者楊剛は、地図に関する論争をした。楊剛は、旅行者が単独旅行で地図を持たないのは、世界をしゃにむに動き回るだけで、そのうちトラブルに当たると考えていた。しかし蕭乾は、地図を持たずに行けば、ありきたりでない、冒険に富んだものになると考えており、また自分自身、地図を持たない旅人であると宣言している。またこの「地図を持たない旅人」が、道に迷わないのは、人

簫乾の著作『土地回老家』

生の旅路において、別の地図を持っているからで、歴史への責任を常に心にとめる事、祖国への深い愛と、下層の人々への関心と同情、そして一人の記者としての仕事がそれである。

　蕭乾の記者としての生涯を見ると、深く影響を与えた二人の人物がいる。一人はスノーで、その文学への見方と理解は、報道の仕事をする上で、のちの蕭乾に影響を与えた。スノーは、報道とは必ず現場を訪れ、自ら見て自ら感じ、そしてはじめて表現しうるものだと考えていた。蕭乾は理解力があり、後に書いた多くのルポルタージュは、報道性と文学性がよく結びついたもので、今日でもなお芸術的な生命力を放っている。もう一人は、『大公報』の創始者の一人で、第一次世界大戦時に欧洲の戦場にあった中国人記者、胡霖である。胡霖は蕭乾がイギリスで『大公報』の駐在記者となることを勧め、支持した。のちに胡霖はまた、蕭乾に履修中の修士課程をあきらめて、欧州戦線を取材に行くよう説得した。胡霖が報道人として持っていたこの先見の明により、蕭乾は報道において輝かしい業績を残すこととなった。

## 『血紅的九月』について

蕭乾はこのルポルタージュの中で、ロンドンでドイツのファシズムが爆撃を行った様子を一人称の形で述べている。中国の読者に、ある民族が大災難に直面した際の精神状態を紹介している。彼は爆撃の後も仕事を続けるコンクリート工やメイドなどの典型的な人物像を使って、遠方にいる祖国の人民に、日本に対する抵抗を続けるよう励ました。

蕭乾は報道の中で、自分自身の経歴を通して欧州戦線を実況するのに長けていた。同時にその地の中国人の死傷者数を報道して、読者の感情に訴えた。

また、作者は爆撃前のロンドン・オックスフォード街のにぎやかな様子と爆撃後の混乱とを対比して描いた。行間からは作者の戦争への憤りが見て取れる。

会話の引用、文学性とニュース性の結合、細かな状況描写などの技巧により、報道に臨場感があり、同時に人情味あふれたものとなっている。

# 27. 困難な道を歩んで業績を残した

劉尊祺

彼は二十歳の時に入党し、解放前は新聞の仕事に従事、国民党中央社の著名な記者であった。解放後は共産党の反徒、特務として、長期の監禁に遭った。無実の罪を着せられ不遇の時を過ごしても、使命に背くことなく、報道事業で精彩を放った。彼とは中国新聞人と呼ばれる、劉尊祺である。

劉《りゅう》尊《そん》祺《き》（一九一一～一九九三）、又の名を劉質文、浙江省寧波に生まれる。一九三〇年五月、劉尊祺は、紹介によりソ連タス通信社の北平分社で英文翻訳者及び記者として働きはじめる。ここから新聞記者としての生涯が始まった。一九三一年のはじめ、中国共産党に加入。一九三四年八月、タス社北平分社が撤退すると、『北平晨報』で二年記者を務めた。又その頃国民党中央通信社の記者や中国青年新聞記者学会理事なども務めた。一九三七年十一月、党中央は劉尊祺が党外で仕事をした方が有利と判断したため、再度国民党中央社の戦場記者となった。一九三九年九月、国民党中央社の記者として、全国慰労総会組織の前線抗敵将士慰労団について重慶を出発、延安に着いた。九月十六日、劉尊祺ら三名は毛沢東が住んでいたヤオトンで取材を開始した。このとき始めて、毛沢東は「敵が反対するなら我々は擁護する、敵が擁護するなら我々は反対する」また、「相手が侵してこない限り、こちらも侵さない、相手が侵してくれば、こちらも必ず侵す」という有名な言葉を語った。この重要な意味をもつ取材は、『和中央社、掃蕩社、新民報三記者的談話（中央社、掃蕩社、新民報の三記者との談話）』のタイトルで『毛沢東選集』に九問九答の形で収録されている。インタビュー記事が国内外に発表されると、広く社会の注目を浴び、大きな反響があった。一九四一年一月、中共南方局は劉尊祺をシンガポールに派遣、『南洋商報』編集主任として時事ニュースの編集に当たった。一九四二年に帰国、アメリカ新聞処中文部の主任として招かれた。抗日戦争勝利後は、劉尊祺は周恩来の指示により、上海へ行き、『聯合日報』『聯合晩報』を創設、社長を務めた。一九四八年、香港で英文の『遠東公報』を創設して編集長となり、中共と各民主党派の共同の対外宣伝刊行物となった。

一九四九年、劉尊祺は新聞界の代表として、第一期全国人民政治協商会議に参加した。中央人民政府新聞総署設立後は、国際新聞局副局長、また同時に英語版『人民中国』総編集長となった。得意の外国語で、新中国の対外宣伝事業を切り開いていった。まもなく、劉尊祺は反徒とみなされ、批判され監禁されて、二十数年にわたる屈辱の生活が始まった。「文革」後、中央組織部は正式に劉尊祺の名誉を回復した。一九七八年十一月、劉尊祺は中国大百科全書出版局臨時領導小組《グループ》の長に任命され、『ブリタニカ百科事典』中・米共同編集委員会中国側主席、『ブリタニカ百科事典マイクロペディア（小項目事典）』中国語版の主編に任命された。一九八一年六月英語版『中国日報』総編集長になり、紙面の風格、編集及び発行に総合的な研究及び規範化を行った。新聞報道以外では、『美国《アメリカ》』『美国側

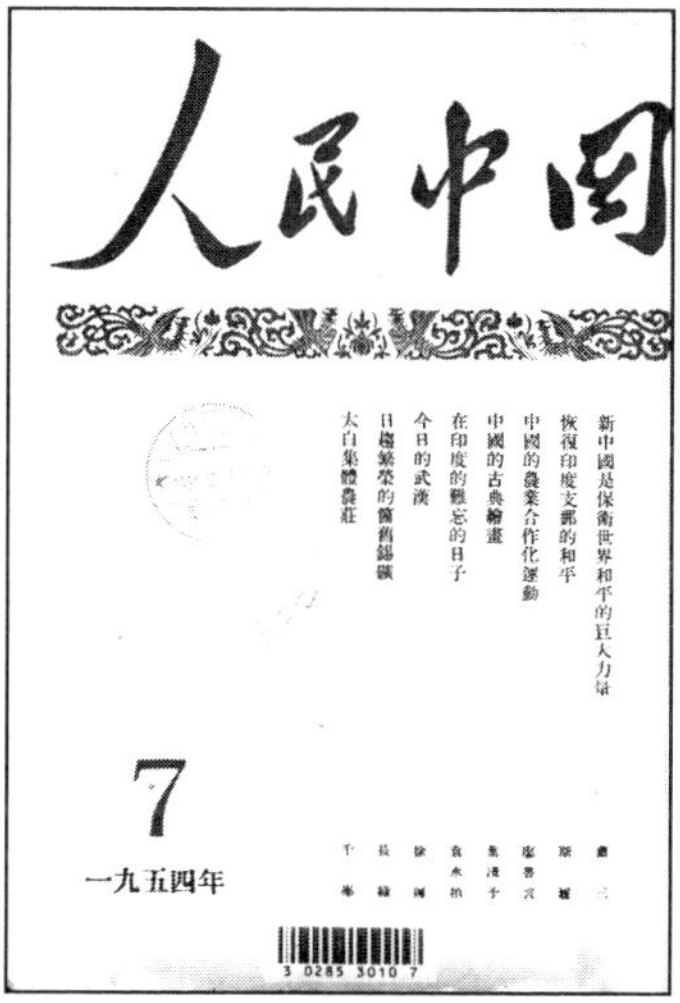


『人民中国』

面像』等の著作があり、訳書に『死屋手記（死の家の記録）』、『天下一家（ワン・ワールド）』、『美国通史（A Short History of the United States）』、『偉大的中国革命（The great Chinese revolution 1800-1985）』などがある。博学で多才、大きな功績を残した学者型の報道人であった。

## 『這叫做民主』について

『這叫做民主（これが民主だ）』は、劉尊祺が一九四八年アメリカから香港に戻った後、『華商報』に書いたもので、掲載後に生活書店が単行本にまとめて発行した。この文章はアメリカに十ヶ月間滞在した間に「実際に見聞きした真実を掲載している」ものだ。

文中、彼は記者としての目でアメリカの民主選挙制度を観察、この制度について述べると同時に、実例を見て逐一分析し、制度の実施状況を一つ一つ列挙している。それにより選挙制度が絶対的民主主義に見えるものの、現実の条件下ではそもそも実現は無理で、アメリカ的民主主義は実は資産家の民主主義であると明らかにしている。文章を通して、作者の筆致が美しいだけでなく、その論理思考が厳密で、アメリカ民主制度に対する知識、観察が深いことがわかる。

【編者】

柳 斌傑（りゅう ひんけつ）

1948年生まれ。中国社会科学院研究生院哲学系卒。清華大学新聞与伝播学院院長、中華人民共和国国家新聞出版広電総局新聞出版総署署長、国家版権局局長、中国共産党第17回中央委員会委員。邦訳に『中国名記者列伝　第一巻』。

李 東東（り とうとう）

1951年生まれ。中国社会科学院大学院新聞系卒。中国作家協会会員。中国新聞文化促進会第6回理事会理事長、全国政治協商会議委員。邦訳に『中国名記者列伝　第一巻』。

【監訳者】

日中翻訳学院（にっちゅうほんやくがくいん）

日本僑報社が「よりハイレベルな中国語人材の育成」を目的に、2008年9月に創設した出版翻訳プロ養成スクール。

【訳者】

河村 知子（かわむら ともこ）

1962年生まれ。国際基督教大学卒。香港中文大学留学。通訳案内士（中国語）。仕事の傍ら、中国語の学習を続け、2008年に日本僑報社が開設した日中翻訳学院に第1期から参加、著名な翻訳家武吉次朗教授の指導を受ける。

新中国を拓いた記者たち　上巻

2017年3月25日　初版第1刷発行

編　者　柳 斌傑（りゅう ひんけつ）・李 東東（り とうとう）
監訳者　日中翻訳学院
訳　者　河村 知子（かわむら ともこ）
発行者　段 景子
発行所　株式会社 日本僑報社
〒171-0021 東京都豊島区西池袋3-17-15
TEL03 5956 2808　FAX03 5956 2809
info@duan.jp
http://jp.duan.jp
中国研究書店 http://duan.jp

2017 Printed in Japan.　ISBN 978-4-86185-230-5　C0036